Jakob H Thiessen

Die Legende von Kisâgotamî

Eine literarhistorische Untersuchung

Jakob H Thiessen

Die Legende von Kisâgotamî
Eine literarhistorische Untersuchung

ISBN/EAN: 9783743344099

Hergestellt in Europa, USA, Kanada, Australien, Japan

Cover: Foto ©ninafisch / pixelio.de

Manufactured and distributed by brebook publishing software
(www.brebook.com)

Jakob H Thiessen

Die Legende von Kisâgotamî

Die Legende von Kisâgotamî wurde in Europa zuerst bekannt durch Max Müller. Er theilte sie nach einer englischen Uebersetzung von Rogers mit, indem er die buddhistischen Kunstausdrücke und einiges minder Wichtige wegliess. [1]) Rogers' Uebersetzung selbst erschien nicht lange darauf. [2]) Die Legende wurde bald in sehr verschiedener Weise beurtheilt. Max Müller nannte sie »eine Probe des wahren Buddhismus«. Ihm trat A. Weber [3]) mit

---

[1]) Ueber den buddhistischen Nihilismus. Vortrag, gehalten in der allgemeinen Sitzung der deutschen Philologen-Versammlung in Kiel am 28. September 1869 von Max Müller. Kiel 1869 p. 19—20. In englischer Uebersetzung in Trübner's American and Oriental Literary Record. 1869 p. 564.

[2]) Buddhaghosha's Parables, translated from Burmese by Captain T. Rogers, R. E. With an Introduction, containing Buddha's Dhammapada, or »Path of Virtue«, translated from Pâli by F. Max Müller, M. A. London 1870. Chapt. Xth. p. 98—102.

[3]) Ueber das Râmâyaṇa. In den Abhandlungen der Königlichen Akademie der Wissenschaften zu Berlin aus dem Jahre 1870. Berlin 1871 p. 15. Anm. 1. Englische Uebersetzung von Boyd p. 28. Anm.; Indian Antiquary vol. I p. 174. —

Diese Ansicht scheint Ueb. d. Râmâyaṇa p. 65 Anm. 3 bedeutend von ihm geändert zu sein, indem er hier die Legende nebst mehreren andern für »eine Probe des wahren Buddhismus« und »ein Lieblingsthema der Buddhisten« erklärt. Ob er seine erste Ansicht damit zurückgenommen, geht aus der Stelle nicht deutlich genug hervor. Ich lasse daher beide unvereint und citire bald die eine, bald die andere.

der Behauptung entgegen, dass wie manche Fabeln, Märchen, Sagen und sonstige Vorstellungen der Art, auch diese Legende von den Indern aus Griechenland entlehnt sei. Eine ähnliche Ansicht äusserte E. Rohde in einem Vortrage, [1]) in welchem er die Priorität griechischer Erfindung auch auf dem Gebiete der Novellistik wahrscheinlich zu machen sucht.

Da die Grundlage der Rogers'schen Uebersetzung und somit der eben angeführten Urtheile nur eine barmanische Bearbeitung des Pâli-Textes, nicht dieser selbst ist, so veröffentliche ich im Folgenden denselben auf den Rath meines verehrten Lehrers, des Herrn Professor Pischel und füge, um die Benutzung zu erleichtern, eine deutsche Uebersetzung bei.

I. a.

Yo ca vassasatan ti imaṃ dhammadesanaṃ Satthâ Jetavane viharanto Kisâgotamiṃ ârabbha kathesi. Sâvatthiyaṃ kir' ekassa seṭṭhissa gehe cattâlîsakoṭidhanaṃ aṅgârâ eva hutvâ aṭṭhâsi. Seṭṭhî [2]) taṃ disvâ uppannasoko [3]) âhâraṃ [4]) paṭikkhipitvâ mañcake nipajji. Tass' eko sahâyako gehaṃ gantvâ samma kasmâ socasî ti pucchitvâ taṃ pavattiṃ sutvâ samma mâ soci, ahaṃ ekaṃ upâyaṃ jânâmi, taṃ karohî ti. Kiṃ karomi sammâ ti. Attano âpaṇe kilañje [5]) pasâretvâ te aṅgâre [6]) râsiṃ katvâ vikkiṇanto viya nisîda [7]). Âgatâgatesu manussesu evaṃ vadanti: sesajanâ vatthatelamadhuphâṇitâdîni [8]) vikkiṇanti, tvaṃ pana aṅgâre vikkiṇanto nisinno [9]) ti. Tvaṃ vadeyyâsi: attano santakaṃ avikkiṇanto

[1]) Ueber griechische Novellendichtung und ihren Zusammenhang mit dem Orient. In den Verhandlungen der XXX. deutschen Philologen-Versammlung zu Rostock 1875 p. 68—69.

[2]) seṭṭhi. [3]) uppaṇṇasoko. [4]) âhâraṃ ist in âgâraṃ geändert. [5]) kilañji. [6]) aṅgârarâsiṃ. [7]) nisîdiṃ. [8]) vatthatelamadhuppâṇitâdini. [9]) nisinno fehlt.

kiṃ karissâmî ti. Yo pana taṃ evaṃ vadeti: sesâ janâ vatthatelamadhuphâṇitâdîni [1]) vikkiṇanti, tvaṃ pana hiraññasuvaṇṇaṃ [2]) vikkiṇanto nisinno ti, taṃ vadeyyâsi: kahaṃ hiraññasuvaṇṇan ti, idan ti ca vutte, âhara tâva nan ti hatthehi paṭiccheyyâsi [3]). Evaṃ dinnaṃ tava [4]) hatthe hiraññasuvaṇṇaṃ bhavissati. Sâ pana sace kumârikâ hoti tava gehe [5]) puttassa âharitvâ cattâlîsakoṭidhanaṃ tassâ [6]) niyyâdetvâ tâya dinnakaṃ valañjeyyâsi [7]). Sace kumârako hoti tava gehe vayappattadhîtaraṃ tassa datvâ cattâlîsakoṭidhanaṃ tassa niyyâdetvâ tena dinnakaṃ valañjeyyâsî ti. So bhaddako upâyo ti attano âpaṇe aṅgârarâsiṃ katvâ vikkiṇanto viya nisîdi. Ye evaṃ âhaṃsu: sesâ vatthatelamadhuphâṇitâdîni [8]) vikkiṇanti, tvaṃ aṅgâre vikkiṇanto nisinno ti, tesaṃ attano santakaṃ [9]) avikkiṇanto kiṃ karissâmî ti paṭivacanaṃ adâsi. Atha ekâ Gotamî nâma kumârikâ kilantasarîratâya Kisâgotamî ti paññâyamânâ [10])parijiṇṇakulassa dhîtâ [11]) ekena kiccena âpaṇadvâraṃ gatâ taṃ seṭṭhiṃ disvâ evaṃ [12]) âha: kiṃ tâta, sesajanâ vatthatelamadhuphâṇitâdîni [13]) vikkiṇanti, tvaṃ hiraññasuvaṇṇaṃ vikkiṇanto nisinno ti. Kahaṃ amhaṃ [14]) hiraññasuvaṇṇan ti [15]). Kin nu tvaṃ tad eva gahetvâ nisinno ti. Âhara tâva naṃ ammâ ti. Sâ hatthapûraṃ gahetvâ tassa hatthesu ṭhapesi. Taṃ hiraññasuvaṇṇaṃ [16]) eva ahosi. Atha naṃ seṭṭhî [17]) kataran te amma gehan ti pucchitvâ asukan nâmâ ti vutte tassâ assâmikabhâvaṃ ñatvâ dhanaṃ paṭisâmetvâ taṃ attano puttassa ânetvâ cattâlîsakoṭidhanaṃ paṭicchâpesi. Sabbaṃ hiraññasuvaṇṇaṃ [18]) eva ahosi.

---

[1]) vatthatelamadhuppâṇitâdîni. [2]) hiraṃñasuvaṇṇaṃ. [3]) paṭiccheyyâti. [4]) dinnaṅgava. [5]) gehesu puttassa. [6]) tassa. [7]) valañjeyyâti. [8]) vatthatelamadhuppâṇitâdiṇi. [9]) santakaṃ fehlt. [10]) paṃñâyamânâ. [11]) dhitâ no ekena. [12]) evam âha. [13]) vatthatelamadhu pâṇitâdîni. [14]) amha. [15]) hiraññasuvaṇṇaṃ kin nu. [16]) hiraññasuvaṇṇam eva. [17]) seṭṭhi. [18]) hiraññasuvaṇṇam eva.

Tassâ aparena samayena gabbho patiṭṭhahi. Sâ dasamâsaccayena puttaṃ vijâyi. So padasâ gamanakâle kâlaṃ [1]) akâsi. Sâ adiṭṭhapubbamaraṇatâya taṃ jhâpetuṃ nîharante vâretvâ puttassa me bhesajjaṃ pucchissâmî ti matakalebaraṃ aṅken' [2]) âdâya api nu me puttassa bhesajjaṃ jânâthâ ti pucchantî[3]) gharapaṭipâṭiyâ vicari. Atha naṃ manussâ: amma ummattikâ 'si jâtâ, mataputtassa [4]) bhesajjaṃ pucchantî vicarasî ti vadanti. Sâ avassaṃ mama [5]) puttassa bhesajjajânanakaṃ [6]) labhissâmî ti. Atha naṃ eko paṇḍitapuriso disvâ, ayaṃ mama dhîtâ paṭhamaputtakaṃ vijâtâ bhavissatî ti cintetvâ [7]) âha: ahaṃ amma bhesajjaṃ na jânâmi, bhesajjajânanakaṃ pana jânâmî ti. Ko jânâti tâtâ ti. Satthâ amma jânâti, gaccha taṃ pucchâ ti. Sâ gamissâmi tâtâ ti vatvâ Satthâraṃ upasaṅkamitvâ [8]) vanditvâ ekamante ṭhitâ pucchi: tumhe kira me puttassa bhesajjaṃ jânâtha bhante ti. Âma jânâmî ti. Kiṃ laddhuṃ vaṭṭatî ti. Accharâgahaṇamatte [9]) siddhatthake [10]) laddhuṃ vaṭṭatî ti. Labhissâmi bhante; kassa pana gehe laddhuṃ vaṭṭatî ti. Yassa gehe putto [11]) vâ dhîtâ vâ na ke ci matapubbâ ti. Sâ sâdhu bhante ti Satthâraṃ vanditvâ mataputtakaṃ aṅken' [12]) âdâya antonagaraṃ pavisitvâ [13]) paṭhamagehadvâre ṭhatvâ atthi nu kho imasmiṃ gehe siddhatthako [14]), puttassa kira me bhesajjaṃ etan ti vatvâ, atthî ti vutte, tena hi dethâ ti etehi âharitvâ siddhatthake diyyamâne [15]), imasmiṃ gehe pure putto [16]) vâ dhîtâ vâ matapubbo ko ci [17]) n'atthi ammâ ti pucchitvâ, kiṃ vadesi amma, jîvamânâ hi katipayâ eva ma-

---

[1]) kâlam akâsi. [2]) aṃken'. [3]) pucchanti. [4]) jânâmataṃputtassa. [5]) avassamama. [6]) bhesajjaṃ jânanakaṃ. [7]) bhavissatî ti adiṭṭhapubbamaraṇaṃ mayâ imissâ avassayena bhavituṃ vaṭṭatî ti cintetvâ. [8]) upasaṃkamitvâ. [9]) accharagahaṇamattaṃ. [10]) siddhattake. [11]) puttâ. [12]) aṃken'. [13]) attano pavisitvâ. [14]) siddhattako. [15]) diyyamânesu. [16]) puttâ. [17]) kacci.

takâ [1]) bahukâ ti vutte, tena hi ganhatha vo siddhattham [2]), n' etam mama puttassa bhesajjan ti paṭikkhipi. Sâ iminâ niyâmena âdito paṭṭhâya pucchanti [3]) vicari. Sâ ekagehe pi siddhatthake [4]) agahetvâ sâyaṇhasamaye cintesi: aho bhâriyakaṃ kammaṃ, ahaṃ mam' eva putto mato [5]) ti saññaṃ [6]) akâsiṃ, sakalagâme pana jîvantehi matakâ 'va bahutarâ ti. Tissâ [7]) evaṃ cintayamânâya puttasinehamudukahadayaṃ [8]) thaddhabhâvaṃ agamâsi. Sâ puttaṃ araññe [9]) chaḍḍetvâ Satthu santikaṃ gantvâ vanditvâ ekamantaṃ aṭṭhâsi. Atha naṃ Satthâ laddhâ te ekaccharâmattâ siddhatthakâ ti âha. Na laddhâ bhante, sakalagâme jîvantehi matakâ eva bahutarâ ti. Atha naṃ Satthâ: tvaṃ mam' eva putto mato ti [10]) sallakkhesi, dhuvadhammo [11]) esa sattânaṃ, maccurâjâ [12]) hi sabbasatte aparipuṇṇajjhâsaye [13]) eva mahogho viya [14]) parikaḍḍhamâno [15]) yeva apâyasamudde pakkhipati ti vatvâ dhammaṃ desento imaṃ gâthaṃ [16]) âha:

Taṃ puttapasusammattaṃ [17]) byâsattamanasaṃ naraṃ
Suttaṃ gâmaṃ mahogho va maccu âdâya gacchatî ti.

Gâthâvasâne Kisâgotamî sotâpattiphale patiṭṭhahi. Aññe [18]) pi bahû [19]) sotâpattiphalâdini pâpuṇiṃsû ti.

b.

Sâ pana Satthâraṃ pabbajjaṃ yâci. Satthâ bhikkhunînaṃ santikaṃ pesetvâ pabbâjesi. Sâ laddhûpasampadâ Kisâgotamîtherî ti paññâyi. [20]) Sâ ekadivasaṃ uposathâgâ-

---

[1]) eva takâ. [2]) siddhatthan ti n' etaṃ. [3]) pucchanti. [4]) siddhake. [5]) mato fehlt. [6]) saṃññaṃ. [7]) bahukâ ti vutte tena hi gaṇhatha ssâ. bahukâ ist in bahutarâ geändert und vutte tena hi gaṇhatha eingeklammert. [8]) puttasinehaṃ mudukahadayaṃ. [9]) araṃñe. [10]) mato si. [11]) yuvadhammo. [12]) masurûjâ. [13]) apipuṇṇajjhâsaye. [14]) vi. [15]) parikaḍḍhamâ. [16]) gâtham âha. [17]) puttaphasusammattaṃ phasu ist aus phâsu geändert. [18]) aṃñe. [19]) bahu. [20]) paṃñâya.

radvâraṃ patvâ dîpaṃ jâletvâ nisinnâ [1]) dipajâlâ chijjantiyo ca uppajjantiyo ca disvâ evaṃ eva p' ime sattâ uppajjanti ca nirujjhanti ca, nibbânappattâ na paññâyanti [2]) ti ârammaṇaṃ aggahesi. Satthâ Gandhakuṭiyaṃ nisinno 'va obhâsaṃ pharitvâ tassâ[3]) sammukhe nisîditvâ kathento viya: evaṃ eva[4]) Gotami, ime sattâ dîpajâlâ viya uppajjanti c' eva nirujjhanti ca, nibbânappattâ eva na paññâyanti,[5]) evaṃ nibbânaṃ apassantânaṃ vassasataṃ jîvantânaṃ [6]) pi nibbânaṃ passantassa khaṇamattaṃ [7]) pi jîvitaṃ seyyo ti vatvâ anusandhiṃ ghaṭetvâ dhammaṃ desento imaṃ gâthaṃ [8]) âha:

Yo ca vassasataṃ jîve apassaṃ amataṃ padaṃ
Ekâhaṃ jîvitaṃ seyyo passato [9]) amataṃ padan ti.

Tattha amataṃ padan ti maraṇavirahitaṃ koṭṭhâsaṃ. amataṃ mahânibbânan[10]) ti attho. Sesaṃ purimasadisaṃ[11]) eva.

Desanâvasâne Kisâgotamî nisinnâ 'va saha paṭisambhidâhi arahatte patiṭṭhâsî ti Kisâgotamîtheriyâ vatthuṃ.

II.

Taṃ puttapasusammattan [12]) ti imaṃ dhammadesanaṃ Satthâ Jetavane viharanto Kisâgotamiṃ ârabbha kathesi. Vatthuṃ Sahassavagge

Yo ca vassasataṃ jîve apassaṃ amataṃ padaṃ
Ekâhaṃ jîvitaṃ seyyo passato amataṃ padan ti

gâthâvaṇṇanâya vitthâretvâ kathitaṃ. Tadâ hi Satthâ Kisâgotami laddhâ te ekaccharâmattâ siddhatthakâ[13]) ti âha. Na[14]) laddhâ bhante, sakalagâme jîvantehi matakâ eva bahutarâ ti. Atha naṃ Satthâ tvaṃ mam' eva putto mato ti sallakkhesi,[15]) dhuvadhammo esa sattânaṃ, maccurâjâ hi sabbasatte apari-

---

[1]) nisinnaṃ. [2]) paṃññâyantî. [3]) tassa. [4]) evamevaṃ. [5]) paṃññâyantî ti. [6]) jîvanta. [7]) khanamattam pi. [8]) gâtham âha. [9]) apassaṃ. [10]) amatamahâ⁰. [11]) purimasadisam eva. [12]) puttapasutammattan. [13]) siddhattakâ. [14]) na fehlt. [15]) sallakkhesî.

puṇṇajjhâsaye eva mahogho viya parikaḍḍhamâno yeva apâyasamudde pakkhipatî ti vatvâ dhammaṃ desento imaṃ gâthaṃ[1]) âha:

Taṃ puttapasusammattaṃ[2]) byâsattamanasaṃ naraṃ
Suttaṃ gâmaṃ mahogho va maccu âdâya gacchatî ti.

Tattha taṃ puttapasusammattan[3]) ti tathârûpaṃ[4]) balâdisampanne putte ca pasû[5]) ca labhitvâ mama puttâ[6]) abhirûpâ balasampannâ paṇḍitâ sabbakiccasamatthâ, mama goṇo abhirûpo arogo mama bhârasaho, mama gâvî bahukhirâ ti evaṃ puttehi[7]) ca pasûhi ca sammattaṃ[8]) naraṃ; byâsattamanasan ti hiraññasuvaṇṇâdisu[9]) vâ pattacivarâdisu vâ kiñ cid eva labhitvâ tato uttaritaraṃ patthentaṃ[10]) sattamânasaṃ vâ cakkhuviññeyyâdisu ârammaṇesu[11]) vuttappakâresu[12]) vâ parikkhâresu yaṃ yaṃ[13]) laddhaṃ hoti tattha tattha laggantaṃ[14]) sattamânasaṃ[15]) vâ; suttaṃ gâman ti niddaṃ upagatasabbasattake[16]); mahogho vâ ti yathâ[17]) evarûpaṃ gâmaṃ gambhîravitthato mahanto mahânadînaṃ ogho antamaso sunakhaṃ[18]) pi asesetvâ[19]) sabbaṃ âdâya gacchati[20]) evaṃ vuttappakâraṃ naraṃ maccu âdâya gacchatî ti attho.

Desanâvasâne Kisâgotamî sotâpattiphale patiṭṭhahi. Sampattânaṃ[21]) pi sâtthikâ desanâ ahosî ti Kisâgotamiyâ vatthuṃ.

Uebersetzung.

Die Lehre: »Und wenn einer hundert Jahre« ertheilte Satthâ, in Jetavanaṃ weilend, in Bezug auf die Kisâgotamî.

In Sâvatthî, so wird erzählt, war in der Wohnung eines Kaufmanns eine Geldsumme von vierhundert Millionen zu

[1]) gâtham âha. [2]) puttapasutammataṃ. [3]) puttapasutammattan. [4]) taṃrûpaṃ. [5]) pasu. [6]) putto. [7]) vuttehi. [8]) sampattaṃ. [9]) hiraṃññasuvaṇṇâdisu. [10]) patthentâya. [11]) ârammanesu. [12]) vuttappakâre. [13]) yaṃ ya. [14]) laggantâya. [15]) sattamâṇasaṃ. [16]) upagatasattakâya. [17]) tathâ. [18]) sunakham pi. [19]) asetvâ. [20]) gacchatî. [21]) sampattânam pi.

Kohlen geworden. Bei dem Anblick von Trauer ergriffen, wies der Kaufmann die Speise zurück und legte sich ins Bett.

Da kam einer seiner Genossen in seine Wohnung und fragte (ihn): »Warum, o Freund, bist du betrübt?« Nachdem er den Sachverhalt erfahren, sprach er (weiter): »Sei nicht betrübt, o Freund; ich weiss einen Plan, den führe aus«. »Welchen Plan, o Freund, soll ich ausführen?« »In deinem Laden breite Matten aus, lege die Kohlen auf einen Haufen und setze dich hin, um dieselben gleichsam zu verkaufen. Unter den Umstehenden sprechen (nun Einige) so (zu dir): »»Die andern Leute verkaufen Kleider, Oel, Honig, Syrup u. s. w., du aber verkaufst Kohlen?«« (Zu ihnen) sage: »»Was soll ich anderes thun, als das verkaufen, was mir gehört?«« Wer aber in dieser Weise zu dir spricht: »»Die andern Leute verkaufen Kleider, Oel, Honig, Syrup u. s. w., du aber sitzest (da) und verkaufst Gold?««, zu dem sage: »»Wo ist Gold?«« und wenn er sagt: »»Dies«« so (sprich): »»bringe es mir«« und nimm es mit den Händen. Das so Gegebene wird sich in deiner Hand in Gold verwandeln. Wenn es nun eine Jungfrau ist, gieb sie deinem Sohne in deiner Wohnung zur Frau, überliefere ihr die Geldsumme von vierhundert Millionen und gebrauche, was sie (dir) giebt. Wenn es ein Jüngling ist, gieb ihm in deiner Wohnung deine erwachsene Tochter zur Frau, überliefere ihm die Geldsumme von vierhundert Millionen und gebrauche, was er (dir) giebt«.

(Der Kaufmann) sprach: »Das ist ein vortrefflicher Plan«, machte (dann) in seinem Laden einen Haufen von Kohlen und setzte sich hin, um dieselben gleichsam zu verkaufen. Denen, die so zu ihm sprachen: »Die Andern verkaufen Kleider, Oel, Honig, Syrup u. s. w., du aber sitzest (da) und verkaufst Kohlen«, gab er zur Antwort: »Was soll ich anders thun, als das verkaufen, was mir gehört?« Da kam eine Jungfrau, Gotamì mit Namen, ihrer Magerkeit wegen Kisâgotamî genannt, Tochter aus einer erloschenen Familie, irgend eines Geschäftes halber an die Ladenthür. Als sie den Kaufmann sah, sprach sie so zu ihm: »Wie, Verehrter?« die andern Leute verkaufen Kleider, Oel, Honig, Syrup u. s. w.; du sitzest (da) und verkaufst Gold?« »Wo habe ich Gold?« Sitzest du nicht dabei?« »Bringe es mir doch, meine Tochter!« Sie nahm eine Handvoll, legte es ihm in die Hände, (und) dasselbe verwandelte sich in Gold.

Da fragte sie der Kaufmann: »Wo, meine Tochter, ist deine Wohnung?« Als sie sagte: »Da und da«, und (der Kaufmann) erfuhr, dass sie unverheirathet war, legte er das Geld beiseit und führte sie seinem Sohne zu. Dann überreichte er ihr die Geldsumme von vierhundert Millionen, (und) alles verwandelte sich in Gold. —

Nach einiger Zeit wurde sie schwanger (und) gebar nach Verlauf von zehn Monaten einen Sohn. Dieser starb, als er eben laufen konnte. Weil sie bis dahin das Sterben nicht gesehen hatte, wehrte sie den Leuten, die ihn forttragen wollten, um ihn zu verbrennen. Mit dem Gedanken: »Ich will für meinen Sohn ein Heilmittel erfragen«, nahm sie den Leib des Todten in ihren Schooss und wanderte von Haus zu Haus, (überall) fragend: »Wisset ihr nicht ein Heilmittel für meinen Sohn?« Da sagen die Leute zu ihr: »Hast du deinen Verstand verloren, o Tochter; du wanderst umher, indem du für deinen todten Sohn ein Heilmittel erfragst?« Sie aber (sprach zu sich): »Sicherlich werde ich Einen treffen, der ein Heilmittel für meinen Sohn weiss«.

Da sah sie ein weiser Mann; der dachte: »Diese meine Tochter wird den ersten Sohn geboren haben« und sprach (zu ihr): Ich, meine Tochter, weiss kein Heilmittel; aber ich kenne Einen, der ein Heilmittel weiss.« »Wer weiss eines, Verehrter?« »Satthâ, meine Tochter, weiss eines; gehe hin und frage ihn.« Mit den Worten: »Ich will hingehen, Verehrter« näherte sie sich Satthâ, grüsste ihn, stellte sich seitwärts (von ihm) und fragte: »Weisst du ein Heilmittel für meinen Sohn, o Herr?« »Ja, ich weiss eines.« »Was für eines soll ich nehmen.« »Du sollst eine Prise Senfkörner nehmen.« Ich will sie nehmen, o Herr; doch, in welchem Hause soll ich sie bekommen?« »In dem Hause, in welchem weder ein Sohn, noch eine Tochter, noch irgend welche zuvor gestorben sind.« Sie (sprach): »Gut, o Herr«, grüsste Satthâ, legte ihren todten Sohn in ihren Schooss und ging in die Stadt An der Thür des ersten Hauses stand sie still und sprach: »Sind in diesem Hause wohl Senfkörner? Das soll ein Heilmittel für meinen Sohn sein.« (Die Leute) sagten: »Ja.« Sie sprach zu ihnen: »Gebt sie mir doch.« Als (ihr) die Senfkörner geholt und gegeben wurden, fragte sie: »In diesem Hause ist doch wohl weder ein Sohn noch eine Tochter noch irgend Jemand zuvor gestorben, Verehrte?« »Was sagst du, Verehrte? Der Lebenden sind ja nur wenige, der Todten viel.« Mit den Worten: »Dann nehmt eure Senfkörner; das ist kein Heilmittel für meinen Sohn« wies sie dieselben zurück. Von Anfang an in dieser Weise fragend, wanderte sie umher. Da sie auch nicht in einem einzigen Hause Senfkörner erhielt, dachte sie am Abend: »Ach, es ist ein schweres Werk. Ich glaubte nur mein Sohn sei todt; doch im ganzen Dorfe sind die Todten zahlreicher als die Lebenden.« Wie sie so dachte, wurde ihr aus Liebe zum Sohne weiches Herz hart. Sie warf ihren Sohn im Walde hin, ging zu

Satthâ, grüsste ihn und stellte sich seitwärts (von ihm). Da sprach Satthâ zu ihr: »Hast du die Prise Senfkörner bekommen?« »Ich habe sie nicht bekommen, o Herr; im ganzen Dorfe sind die Todten zahlreicher als die Lebenden.« Da sagte Satthâ zu ihr: »Du meintest, nur dein Sohn sei todt. Das ist das ewige Gesetz für die lebenden Wesen; der König des Todes reisst ja, wie ein reissender Strom, alle lebenden Wesen, selbst die, deren Wünsche nicht befriedigt sind, in das Meer des Verderbens« und sprach dann, das Gesetz lehrend, diesen Vers:

»Wie ein Strom ein schlafendes Dorf fortreisst, rafft der Tod den Mann hinweg,
der durch seine Söhne und sein Vieh bethört ist, und dessen Geist den Vergnügungen fröhnt.«

Nach Beendigung des Verses erlangte Kisâgotamí die Stufe der Sotâpatti; auch viele andere wurden der Stufe der Sotâpatti u. s. w. theilhaftig. --

Sie aber bat Satthâ um Aufnahme in den heiligen Stand. Satthâ sandte sie zu den Nonnen und liess sie aufnehmen. Nach empfangener Weihe wurde sie Kisâgotamîtherî genannt.

Eines Tages kam sie an die Thür zum Uposathâgâraṃ, zündete eine Lampe an und setzte sich. Als sie die Flammen der Lampe verschwinden und erscheinen sah, sprach sie: »Ebenso erscheinen und verschwinden auch diese lebenden Wesen; die, welche das Nibbânaṃ erreicht haben, werden nicht wieder gesehen«, und erlangte auf diese Weise ein Ârammaṇaṃ. Satthâ, der gerade in der Gandhakuṭî sass, erschien ihr, setzte sich ihr gegenüber und sprach zu ihr gleichsam: »So ist es, o Gotamî; wie die Flammen der Lampe erscheinen und verschwinden diese lebenden Wesen; nur die, welche das Nibbânaṃ erreicht haben, werden nicht (wieder) gesehen. So ist das Leben desjenigen, der das Nibbânaṃ sieht, auch wenn es nur einen Augenblick währt, besser als das derjenigen, welche das Nibbânaṃ nicht sehen, mögen sie auch hundert Jahre leben. ›Mit diesen Worten zeigte er den Zusammenhang, und sprach dann, das Gesetz lehrend, diesen Vers:

›Und wenn Einer hundert Jahre leben würde, ohne
den unsterblichen Ort zu sehen,
so ist das Leben desjenigen, der den unsterblichen Ort
sieht, besser, wenn es auch nur einen Tag währt‹.

Nach Beendigung der Lehre erreichte Kisâgotamî, wie sie sass, das arahattaṃ nebst den paṭisambhidâ.

— **Erzählung von der Kisâgotamîtherî.** —

Anmerkungen.

Die Legende von Kisâgotamî gehört zu zwei Versen des Dhammapadaṃ: bei dem, welcher im Dhp. zuerst vorkommt (v. 114), ist sie vollständig mitgetheilt (I); bei dem andern (v. 287) ist nur der Theil erwähnt, welcher sich unmittelbar auf den Vers bezieht (II). In I sind die beiden Theile der Erzählung noch deutlich von einander geschieden (siehe unten die Anm. zu pâpunimsû ti); deshalb habe ich sie mit a und b bezeichnet.

Der Text beruht auf der in Siṃhalesischer Schrift geschriebenen Handschrift der Königlichen Bibliothek zu Kopenhagen; dieselbe ist beschrieben in Westergaard's Catalog unter Nr. XVII. Was Fausböll (Praef. zum Dhp. pp. V, VII, VIII) im Allgemeinen über sie bemerkt, trifft auch bei dieser Legende zu.

Wegen der Bedeutung der beibehaltenen Kunstausdrücke und der Eigennamen verweise ich auf Childers' Pâli Dictionary (London 1875).

1. Imaṃ dhammadesanaṃ. (S. 7.)

Durch die barmanische Bearbeitung, wie sie bei Rogers vorliegt, könnte man verleitet werden, die dhammadesanâ gleich hinter kathesi beginnen zu lassen. Dem widerspricht jedoch die häufige Anknüpfung durch hi[1], z. B. Dhp. 333,7.8.: kathesi. Satthârâ hi. Der Ausdruck »dhammadesanâ« steht vielmehr zu »dhammaṃ desento« kurz vor dem Verse und desanâ hinter demselben in Beziehung. »dhammaṃ desento« ist nun, wie pucchanto Dhp. 95,21, eine nähere Bestimmung von »imaṃ gâthaṃ âha«, und daher, wie hier der pañho, so dort die desanâ und dhammadesanâ im Verse selbst enthalten. Ist dies der Fall, so müssen wir »imaṃ dhammadesanaṃ« mit »Yo ca vassasatan ti« verbinden, und, nach meinem Dafürhalten, letzteres von erstem direct abhängen lassen. Das »imaṃ« ist nur eine der vielen nach ti gebräuchlichen Verstärkungen. Vgl.: Atthi paraloko ti iti ce maṃ pucchasi; Childers s. v. iti. In der vorliegenden Legende im Commentar zu II: mama gâvî bahukhîrâ ti evaṃ .... sammattaṃ. Dann mit idam: ti idaṃ Vâsuladattâya vatthuṃ. Dhp. 162,10.[2]) Ferner Dhp. 270,12:

---

[1]) Mit hi wechselt kira, so in der vorliegenden Legende. Weder hi noch kira steht z. B. Dhp. 349,3: kathesi. Tathâgato Sâvatthito nikkhamitvâ. Fausböll, Jâtaka I, 387,23 findet sich hi und kira zusammen: Tasmiṃ hi kira samaye.

[2]) Das »idaṃ« ist auch noch in der barmanischen Bearbeitung zu erkennen. — Im Pâli steht sonst gewöhnlich entweder ti oder idaṃ allein. ti allein findet sich z. B. in der vorliegenden Legende, in I und II, idaṃ allein u. A. Dhp. 157,27: Ayaṃ tâva Udenassa uppatti. 161,29: Idaṃ tassa pubbacaritaṃ. Bisweilen steht weder ti noch idaṃ, z. B. Dhp. 268,22; Sudhammattherassa vatthuṃ. Dieser Fall tritt aber nur dann ein, wenn die Erzählung schon aus einem andern Grunde mit ti schliesst. So immer am Ende der Jâtaka.

iti imaṃ tividhaṃ vivekaṃ brûheyya. Schliesslich gehört hierher auch der Anfang der Jâtaka ti idaṃ .... kathesi. — Später fiel das »Yo ca vassasatan ti« fort, und »imaṃ dhammadesanaṃ« wurde dem »Kisâgotamîtheriyâ vatthuṃ« gleichgestellt. Die Legende in dieser Fassung (bei Rogers) ist daher nur durch einige unbedeutende Aeusserlichkeiten und den Namen von einem Jâtakaṃ verschieden.

2. Gehe puttassa (S. 7.)

Die Handschrift hat gehesu puttassa. su ist durch die unmittelbar folgende Silbe pu hervorgerufen, da die Zeichen für p und s im Siṃhalesischen Alphabet sehr ähnlich sind. Vgl. die Lesarten der Handschriften im Devadhamma-Jâtakaṃ: Dhp. 304, 6 devadhamme pucchitvâ. Jât. I p. 128 Note 12: C^k devadhammesu pucchitvâ (auch Das.-Jât. p. 40, 13). C^s und C^v devadhamme pucchitvâ.

3. Seṭṭhiṃ (S. 7.)

Wegen der barmanischen Bearbeitung könnte man an »seṭṭhi (f.) ashes« denken. Der Ausdruck »heap« (Rogers p. 99, 22) ist aber der freien Uebersetzung zuzuschreiben, wie aus zwei anderen Stellen hervorgeht:

1) Pâli: Âgatâgatesu manussesu evaṃ vadanti.
Barm. Bearb.: People seeing the heap will say to you (Rogers p. 98, 2 v. u.).

2) Pâli: Ye evaṃ ahaṃsu,
Barm. Bearb.: Some people, seeing it, said (Rogers p. 99, 16).

4. Amma ummattikâ 'si jâtâ, mataputtassa bhesajjaṃ pucchantî vicarasî ti (S. 8.)

Man könnte auch an die Aenderung »yâ nâma taṃ puttassa etc.« denken, da hiedurch ein hübscher Satzbau erreicht würde. Gegen diese und für die von mir gemachte Conjectur spricht einerseits der Umstand, dass t und n von den Siṃhalesischen Schreibern leichter verwechselt werden als j und y, andererseits die barmanische Bearbeitung: Is the young girl mad that she carries about on her breast the dead body of her son (Rogers p. 100, 10 ff.), vor allen Dingen aber der Sinn des Ganzen. Denn die Leute halten sie nicht deshalb für verrückt, weil sie »das Heilmittel für ihren Sohn«, sondern deshalb, weil sie »ein Heilmittel für ihren todten Sohn sucht. — Die gleiche asyndetische Verbindung der Sätze findet sich im Sujâta-Jâtakaṃ zweimal. Fausböll, Das.-Jât. p. 31, 5—6: samma Sujâta, kiṃ ummattako 'si, matagoṇassa tiṇodakaṃ desî ti und ebenda 31, 8—9: putto te ummattako jâto, matagoṇassa tiṇodakaṃ detî ti. — Wegen des Pleonasmus in ummattikâ 'si jâtâ vergleiche Dhp. 360, 7: sarîre nibbhoge pete kâlakate sati; wie hier sati, so ist dort entweder 'si oder jâtâ überflüssig. Der Pleonasmus hat augenscheinlich den Zweck, den in jâtâ liegenden Begriff des Werdens und damit die Verwunderung der Leute stärker hervorzuheben.

5. Bhavissatî ti cintetvâ (S. 8.)

Die Handschrift liest: Atha naṃ eko paṇḍitapuriso disvâ ayaṃ mama dhîtâ paṭhamaputtakaṃ vijâtâ bhavissatî ti adiṭṭhapubbamaraṇaṃ mayâ imissâ avassayena bhavituṃ vaṭṭatî ti cintetvâ. Die Harmonie des Satzbaues gebietet von einer Theilung der Worte [Uebersetzung: Indem er sie sah (sprach er zu sich): ayaṃ ..... bhavissatî ti, und, indem er dachte: adiṭṭha ° .... vaṭṭatî ti, sagte er (zu ihr.)] Abstand zu nehmen. Demnach können die Worte, wie sie da stehen, nicht anders erklärt werden, als dass adiṭṭhapubbamaraṇatâya (so wäre zu lesen) durch ti als die Folge von »ayaṃ .... bhavissati« gesetzt wird. Ob ti eine so prägnante Bedeutung haben kann, ist mir nicht bekannt. Als Vorstufe für einen solchen Gebrauch könnte man

Dhp. 88,28—29: Cakkhupâlatthero caṅkamâmî ti bahupâṇake mâresi anführen. Doch ist der Unterschied zwischen beiden Stellen sehr gross, da in adiṭṭhapubbamaraṇatâya ein Zustand, in mâresi eine Handlung enthalten ist. — Ein anderer Ausweg ist der, die Worte »adiṭṭha⁰.... vaṭṭatî ti« als eine Glosse zu »ayaṃ ... bhavissatî ti» über Bord zu werfen. Hierfür kann zunächst das doppelte Vorhandensein des Verbum bhû (bhavissati — bhavituṃ), besonders aber das doppelte Demonstrativpronomen idaṃ (ayaṃ — imissâ) angeführt werden. Denn für dieses sollte man das zweite Mal sicher tissâ oder dgl. erwarten; vgl. Dhp. 95, 16—18: ayaṃ brâhmaṇo mama aphâsukakâle bhesajjaṃ akâretvâ idâni âlâhanaṃ gantvâ rodati, vippakârappattaṃ etaṃ kâtuṃ vaṭṭati ti. Bedenkt man nun, dass in den Glossen dieselben Ausdrücke möglichst beibehalten werden, ferner dass der erste Theil »ayaṃ .... bhavissatî ti« für den Sinn genügt, so wird wohl mancher mit mir zur Annahme geneigt sein, dass sich nicht etwa nur das ti, wie so oft, eingeschlichen hat, sondern dass die letzte Hälfte des Gedankens als Erklärung des schwerer verständlichen ersten hinzugefügt ist. — Der Wortlaut der barmanischen Bearbeitung (Rogers p. 100) spricht nicht gegen diese Vermuthung; er beweist nur, dass der Verfasser der Uebertragung oder der barmanischen Quelle derselben den Text schon in dem Zustande vor sich hatte, in welchem er uns vorliegt. Er liess von dem Gedanken den ersten Theil fort.

6. Accharâgahaṇamatte (S. 8.)

Accharâ bedeutet nach Childers: a moment, the snapping of a finger, the twinkling of an eye. An dieser Stelle bezeichnet accharâgahaṇaṃ »eine Menge, welche man mit zwei Fingern fassen kann«, oder mit technischem Ausdruck »eine Prise«. Die barmanische Bearbeitung (Rogers p. 100,25 und 100,18) hat handful, was dem Sinn des Wortes nicht genau entspricht.

7. Antonagaraṃ pavisitvâ (S. 8).

Die Lesart der Handschrift »attano pavisitvâ« ist falsch, da pavisati (s. Childers) immer mit dem acc. des Zieles verbunden wird. Man könnte nun einfach nagaraṃ einschieben, und dann »attano nagaraṃ« als »Vaterstadt« auffassen. Da sich hierfür aber, so viel ich weiss, keine Belege finden, so scheint mir die Conjectur »antonagaraṃ« wahrscheinlicher zu sein. cfr. Childers s. v. anto und Anecdota Pâlica p. 32, 10.

8. Pure .... matapubbo (S. 8).

Wie hier pure und pubbo, so sind pubbe und pubbo verbunden in Gog. Ev. 6: pubbe assutapubbo (nach Childers' Dictionary s. v. pubbo).

9. Parikaḍḍhamâno (S. 9).

parikaḍḍhati fehlt bei Childers, während das Simplex nebst zahlreichen Compositis vorhanden ist. kaḍḍhaï wird bei Hemacandra ed. Pischel IV, 187 als Substitut der Wurzel karsh aufgeführt.

10. Pâpuṇiṃsû ti (S. 9).

Mit »pâpuṇiṃsû ti« schliesst der erste Theil der Legende. Trotzdem derselbe hier nur eine untergeordnete Stellung einnimmt, so hat er dennoch mehrere Spuren seiner Selbständigkeit bewahrt. So steht gleich zu Anfang: »Kisâgotamiṃ ârabbha« für »Kisâgotamîtheriṃ ârabbha«. Ferner ist, trotz der Aenderung von desanâvasâne in gâthâvasâne, das demselben entsprechende »dhammaṃ desento« stehen geblieben, gerade als wenn die dhammadesanâ in diesem Verse enthalten wäre. Endlich ist das ti nach pâpuṇiṃsu ein Rest des Schlusses: »ti Kisâgotamiyâ vatthuṃ«. Dasselbe ti findet sich Dhp. 265, 8. Freilich ist dieser Fall dadurch von dem vorliegenden verschieden, dass nicht der zweite, sondern der erste Theil der Erzählung zu dem Verse gehört, bei welchem, weil er im Dhp. zuerst vorkommt, dieselbe vollständig mitgetheilt ist.

11. Kathento viya (S. 10).

kathento viya darf man nicht mit »evaṃ eva Gotami .... paññâyantî ti« verbinden. Denn der Vocativ »Gotami« schliesst die Bedeutung »wiederholen«, welche man dem katheti beilegen müsste, aus. Vielmehr sind alle Worte (evaṃ eva Gotami .... seyyo ti) von vatvâ abhängig, und kathento viya ist eine nähere Bestimmung zu vatvâ, wie »dhammaṃ desento« zu »imaṃ gâthaṃ âha«. Dass nun katheti hier nicht den gewöhnlichen Sinn (sprechen, erzählen, wiederholen), sondern eine prägnante Bedeutung hat, beweist schon seine Verbindung mit viya. Die barmanische Bearbeitung (Rogers p. 102, 1) hat richtig: just as if he himself were preaching. Vergleiche Dhp. 385, 17—18: Satthâ .... cintetvâ tena saddhiṃ kathento viya obhâsaṃ pharitvâ imaṃ gâthaṃ âha.

12. Paññâyanti, evaṃ (S. 10).

Nach der vorhergehenden Anmerkung sind die Worte »evaṃ eva Gotami .... seyyo ti von vatvâ abhängig. Dass das ti hinter paññâyanti falsch ist, zeigt ein Vergleich dieser Stelle mit der entsprechenden in a. Die Einschiebung desselben ward wahrscheinlich dadurch veranlasst, dass derselbe Gedanke kurz vorher mit ti endigt. — Ueberhaupt werden die Schreiber an jedem Redeabschnitt leicht zur Einschiebung von ti verleitet; vgl. Dhp. 333, 22: vaṭṭatî ti na hi ... für vaṭṭati na hi. Ferner Fausböll, Das.-Jât. p. 31 Note y und p. 32 Note u und w; p. 33 Note z. Bei gacchatî (Commentar zu II) für gacchati war derselbe auf dem besten Wege, in diesen Fehler zu verfallen.

13. Anusandhiṃ ghaṭetvâ (S. 10).

Dass »anusandhiṃ ghaṭetvâ« sich auf die von vatvâ abhängigen Worte bezieht, demnach vatvâ, wenn auch der Form nach coordinirt, dem Sinn nach dem »anusandhiṃ ghaṭetvâ« subordinirt ist, kann man aus der vorliegenden Stelle nicht mit Sicherheit erkennen. Dass es aber der Fall ist, geht aus Stellen hervor, in denen vatvâ fehlt; z. B. Dhp. 264, 5; 275, 14; 277, 3; 280, 11. Denn die in solchen Stellen von »anusandhiṃ ghaṭetvâ« abhängigen Worte sind in keiner Weise von denen verschieden, welche sonst dem vatvâ vorhergehen. Ja, auf diesem Wege kommen wir zu dem Schlusse, dass selbst wenn, was häufig vorkommt, »anusandhiṃ ghaṭetvâ« fehlt, es dennoch dem Sinne nach zu ergänzen ist, so in Ia und II.

14. Yo ca (S. 10).

Aehnliche Anakoluthien finden sich: im Pâli: Fausböll, Das.-Jât. p. 5, v. 3; im Saṃskṛt vgl. B-R. unter ya 3, Delbrück, Conj. u. Opt. im Skt. u. Griech. p. 49. 50; im Mittellatein, Mittelhochdeutschen, und in den romanischen Sprachen, vgl. Diez, Romanische Grammatik 3[3] 384—386.

Was das Verhältniss der buddhistischen Legende zu verwandten griechischen Erzählungen betrifft, so ist es meine erste Aufgabe zu untersuchen, ob die von Weber und Rohde für die Herstammung jener aus Griechenland angeführten Gründe stichhaltig sind. Beide haben zunächst auf die Ueberlieferungszeit der Erzählungen grosses Gewicht gelegt.

Rohde behauptet, dass die griechischen Schriftsteller, bei denen sich Andeutungen einer der Legende von Kisâgotamî ähnlichen Geschichte finden, »mindestens Jahrhunderte lang vor Buddhaghosha schrieben.«[1]) Diese Behauptung hängt mit der Ansicht zusammen, dass sich Alexanders Trostbrief an Olympias schon »in der griechischen Urform des Alexanderromans« befunden habe[2]). Die Gründe für letztere Ansicht hat Rohde aber leider nicht angegeben, und soweit mein Urtheil reicht, lassen sich für dieselbe auch keine anführen. Denn die syrische Uebersetzung, welche nach Perkins'[3]) und P. Zingerles[4]) Mittheilungen über dieselbe zur ältesten Recension des Pseudo-Callisthenes gehört, scheint nach der mir durch die Güte des Herrn Professor Hoffmann zugänglichen kurzen Inhaltsangabe von Woolsey[5]) die Erzählung nicht zu enthalten. Auch in der griechischen Handschrift A. und im Valerius findet sich nichts Derartiges. Ob sie in der armenischen Uebersetzung, welche ebenfalls der ältesten Recension

[1]) Rohde, a. a. O. p. 69.

[2]) Rohde, a. a. O. p. 69.

[3]) Nach dem Auszug derselben von Woolsey im Journ.-American Oriental Society vol. IV. p. 368 Anm.

[4]) Z. D. M. G. 8 p. 735 ff. Vgl. auch Zacher, Pseudocallisthenes. Halle 1867 p. 192.

[5]) Journ. Am. Or. Soc. vol. IV. p. 368—69 Anm.

angehört [1]), vorhanden, ist mir nicht bekannt. Die orientalischen Versionen des Trostbriefes, welche Rohde anführt [2]), sind sämmtlich aus viel jüngerer Zeit und beruhen, wie schon Zacher vermuthet [3]), alle unmittelbar oder mittelbar auf der Gestalt des Briefes in der Leidener Handschrift des Pseudo-Callisthenes, der einzigen, welche die Erzählung enthält. Obwohl nun der Text dieser Handschrift nach Zacher [4]) im Allgemeinen etwas mehr zu A (cod. Par. 1711) neigt als derjenige der Pariser Handschrift B (cod. Par. 1685), so entfernt er sich in vorliegendem Falle doch weiter von A. Denn in der Leidener Handschrift finden sich nicht nur die auch in B vorhandenen Erweiterungen, sondern ausser diesen noch der Trostbrief. Die Einfügung desselben ist in einer äusserst gewaltsamen Weise geschehen, indem die Worte: *Ταῦτα καὶ ἄλλα πολλὰ εἰπόντος τοῦ Ἀλεξάνδρου*, welche sich in B passend an Alexanders Rede anschliessen, in L unverändert stehen geblieben sind, trotzdem ihnen hier nicht etwa der Trostbrief, sondern die an denselben sich knüpfende Darstellung des Benehmens der Olympias nach Empfang desselben unmittelbar vorausgeht [5]). Die Zeit der Einfügung genau zu bestimmen, ist unmöglich. Die Redaction der Handschrift B wird von C. Müller [6]) frühestens ins achte Jahrhundert unserer Zeitrechnung gesetzt. Zacher giebt keine bestimmte Zeit an; er sagt nur [7]) dass sie eine etwas jüngere Fassung repräsentirt als die

---

[1]) Zacher a. a. O. p. 100—101.

[2]) Rohde a. a. O. p. 69 Anm. 2.

[3]) Zacher a. a. O. p. 190—191.

[4]) Zacher a. a. O. p. 16.

[5]) S. Fleckeisens Jahrb. für class. Philologie Suppl. V p. 790—791. Vgl. Pseudo-Callisthenes ed. C. Müller III, 33.

[6]) Pseudo-Call. Introd. p. 26.

[7]) Zacher a. a. O. p. 12 und 104.

Handschrift A, deren Redaction wahrscheinlich mit der Uebersetzung des Julius Valerius [1]) dem Anfang des vierten Jahrhunderts zu überweisen ist. Beherzigt man dies, so wird die Behauptung sicher gerechtfertigt sein, dass die ungeschickt ausgeführte Einschiebung dieses Briefes von spätgriechischem, schon halb byzantinischem Charakter [2]) wenn überhaupt, so doch mindestens nicht Jahrhunderte lang vor Buddhaghosa vollzogen ist.

Auch die Entstehungszeit des Demonax ist nicht so bestimmt, wie Rohde annimmt [3]), indem er die Schrift dem Lucian zuschreibt und somit deren Abfassung in das letzte Viertel des zweiten Jahrhunderts n. Chr. setzt. Dass dieselbe zu den pseudo-lucianischen gehört, wird durch Fritzsches [4]) und Schwarz's [5]) Versuche, die Echtheit derselben zu erhärten, nicht widerlegt, dagegen durch Bernays' [6]) treffende Bemerkungen bewiesen. Wenn nun Bernays trotz der Unechtheit der Schrift behauptet [7]), dass dieselbe jedenfalls von einem Zeitgenossen des Demonax verfasst ist, so wird diese Behauptung durch den von Schwarz erbrachten Nachweis [8]) hinfällig, dass Demonax nie gelebt hat. Die Schrift kann daher wie Schwarz schon gezeigt

---

[1]) Zacher, a. a. O. p. 102—103 vgl. 84.

[2]) Zacher, a. a. O. p. 190.

[3]) Rohde, a. a. O. p. 69.

[4]) De Luciani Demonacte et Sostrato. Rostock 1864 p. 4. In seiner Ausgabe Lucians II, 1 p. 188 f.

[5]) Ueber Lucians Demonax von Anton Schwarz. Wien 1878. (Separatabdruck aus der Zeitschr. für österr. Gymnasien, Jahrg. XXIX. Heft VIII und IX).

[6]) Lucian und die Kyniker von Jacob Bernays. Berlin 1879 p. 104—105.

[7]) Bernays a. a. O. p. 105.

[8]) Schwarz a. a. O. p. 21—30. Vgl. Liter. Centralbl. Jahrg. 1879 p. 846.

hat [1]), nur den Zweck haben, das Ideal eines Kynikers darzustellen, und es ist die Annahme nicht zu verwerfen, dass sie erst in einer spätern Zeit entstanden ist. Später als 360 n. Chr. darf ihre Abfassung jedoch nicht gesetzt werden, da dem Eunapios aus Sardes, der im Jahre 346 n. Chr. geboren wurde, eine Schrift über Demonax unter Lucians Namen bekannt war [2])

Bestimmt ist nur die Zeit des Julianus Apostata. Sein Brief ist echt und wird um 360 n. Chr. verfasst sein. — Demnach ergiebt sich der Schluss, dass höchstens einer der griechischen Schriftsteller, nämlich der Verfasser des Demonax, vielleicht Jahrhunderte lang vor Buddhaghosa geschrieben hat, dass es aber rathsam ist, bei einer solchen Vergleichung sich auf Julian zu beschränken.

Das thut auch Weber [3]). Aber er schliesst aus der frühern Zeit Julians, dass die griechischen Erzählungen die Quelle der buddhistischen sind. Freilich fügt er hinzu, dass die Geschichte wegen der Worte Julians »*σοὶ μὲν ἴσως οὐ ξένον, τοῖς πλείοσι δέ, ὡς εἰκός, ἄγνωστον*« aus früherer Zeit stamme [4]). Wenn nun auch diese Worte des Julian'schen Briefes gar zu vieldeutig sind, um einen solchen Schluss zu gestatten, so wird man doch der von Weber mit denselben gestützten Behauptung gerne beistimmen. Denn eine Vorgeschichte ist schon von vorneherein bei dieser Erzählung anzunehmen, wenn man sie mit der überaus nahe verwandten im Demonax cap. 25 verbindet. Aber

---

[1]) Schwarz a. a. O. p. 31—34.

[2]) Vgl. Schwarz a. a. O. p. 25. Anders Fritzsche, De Demonacte p. 4. Ausgabe p. 188—189.

[3]) Weber, Ueb. d. Râmâyaṇa p. 15, Anm. 1.

[4]) Aehnlich Zeller, Griech. Philosophie I[3] p. 731 Anm. 2: »Natürlich nach Aeltern«.

dann wird man auch der Legende von Kisâgotamî, wie überhaupt den meisten Erzählungen, eine solche Vergünstigung zugestehen müssen. Doch davon abgesehen wird Webers Behauptung vollends durch den Umstand hinfällig, dass der Commentar zum Dhammapadaṃ von Buddhaghosa nicht selbst verfasst, sondern nur aus dem Siṃhalesischen ins Pâli übersetzt ist [1]). Max Müller sagt daher mit Recht [2]): »I do not think that scholars calling these parables the parables of Mahinda, if not of Buddha himself, and referring their date to the third century B. C., would expose themselves at present to any formidable criticism.« Auch Weber stimmt dieser Ansicht bei [3]), allerdings mit dem Unterschied, dass er nur diejenigen Legenden in diese Zeit setzt, denen »je anderweite Stützen aus dem Tipiṭaka selbst zur Seite stehen.« Diese Stützen werden weiter unten für die Legende von Kisâgotamî nachgewiesen werden; ihre Entstehung kann man demnach wohl mit vollem Recht in das dritte Jahrhundert vor Chr. setzen.

Es ist also verfehlt, die Ueberlieferungszeit der Julian'schen Erzählung, des Demonax und des Trostbriefes Alexanders als Beweis für den griechischen Ursprung der buddhistischen Legende anzuführen. Ja, wenn meine oben aufgestellte Ansicht falsch, der Demonax vielmehr zu Lucians Zeit, sei es von ihm selbst oder einem Andern verfasst wäre, und der Trostbrief Alexanders bereits in der Urform des Alexanderromans gestanden hätte, selbst wenn Rohde berechtigt wäre, die älteste Aufzeichnung dieses Werkes

---

[1]) Vgl. L. Comrilla Vijasinha, On the Origin of the Buddhist Arthakathâs. (Journ. R. Asiatic Society of Great Britain and Ireland. New Series vol. V, p. 289 ff.).

[2]) Preface zu Rogers' Uebersetzung p. 17.

[3]) Ueb. das Râmây. p. 15 Anm. 1. — Ind. Streif. III p. 15—16.

nicht, wie Zacher, zwischen 100 und 340, wahrscheinlich um 200 nach Chr. [1]), sondern noch in die Zeit der letzten Ptolemäer [2]) zu setzen: so würden die griechischen Erzählungen dennoch an Alter hinter der Legende von Kisâgotamî zurückstehen. Aber trotz dieses ihres höhern Alters wage ich es nicht, sie aus diesem einzigen Grunde für die Quelle der griechischen zu erklären. Denn die Ueberlieferungszeit hat bei Erzählungen nicht die entscheidende Beweiskraft, welche ihr bei anderen Schriftdenkmälern zukommt. Oft lebt eine Erzählung noch Jahrhunderte lang im Munde des Volks, ohne einer schriftlichen Fixirung gewürdigt zu werden, während eine auf ihr beruhende schon längst aufgezeichnet worden ist. [3]) Die Ueberlieferungszeit kommt deshalb erst in zweiter Linie in Betracht. Die Entstehungszeit der Geschichten dagegen ist von hervorragender Bedeutung, lässt sich aber, wenn sie überhaupt bestimmbar ist, in der Regel nur durch eine inhaltliche Kritik feststellen. Ehe ich jedoch zu dieser übergehe, will ich die andern Punkte, die Rohde für seine Ansicht ins Feld führt, erörtern, aber auch seine allgemeinen Gründe für die griechische Abstammung der meisten indischen Erzählungen einer kurzen Betrachtung unterziehen, weil er aus ihnen eine Stütze für den griechischen Ursprung der Legende von Kisâgotamî zu gewinnen sucht.

Rohde ist von vorneherein geneigt, sich die Inder als den empfangenden Theil zu denken, weil sie während der ersten Jahrhunderte nach Alexander durch die buddhistische Religion für die Aufnahme alles Humanen höchst empfänglich

---

[1]) Zacher, a. a. O. p. 102.

[2]) Rohde, Der griechische Roman und seine Vorläufer. Leipzig 1876 p. 184.

[3]) Ein Beispiel bei Benfey, Or. u. Occ. II p. 165.

gemacht wurden, die griechische Cultur dagegen damals noch nicht zum Mischmasch gleichgültiger Allerweltbildung zerflossen war.[1]) Den ersten Theil der Behauptung will ich unangefochten lassen. Der zweite ist aber entschieden falsch. Denn, trotz ihrer Trennung der Völker in Hellenen und Barbaren, haben die Griechen sich zu keiner Zeit gescheut, alles was ihnen gefiel, von aussen, namentlich aus dem Orient zu entlehnen und sich zu eigen zu machen. Die früheste Zeit will ich nicht berühren. Aus der spätern mache ich nur darauf aufmerksam, dass Rohde selbst manche auffallende Erscheinungen in Bezug auf die erotischen Novellen verzeichnet hat, ohne sie allerdings weiter zu berücksichtigen.[2]) Auch über die Geschlossenheit der griechischen Cultur in den Jahrhunderten nach Alexander scheint sein Urtheil nicht immer dasselbe geblieben zu sein. Er sagt an einer andern Stelle: »Indem nun der Angehörige des alten Griechenlands aus der Enge seiner eifersüchtig beschränkten Stamm- und Stadtgemeinschaft herausgerissen, in eine endlose Weite barbarischer Länder hinausgetrieben, in prächtigen Neugründungen gewaltiger Grossstädte mit Genossen aller andern griechischen und so vieler halbgriechischen Stämme und einer überwiegenden Menge barbarischer Urbewohner zusammengewürfelt wurde, musste er, schon seit geraumer Zeit zu freister Betrachtung der Welt und des Lebens angeregt, nothwendig ein Kosmopolit werden und ein Hellene im alten Sinne zu sein aufhören«[3]) und: »In jener Zeit trug alles dazu bei, das schon gelockerte Band, welches den Einzelnen mit Glaube, Sitte und Empfindungsweise seines

---

[1]) Rohde, Ueb. griech. Novellend. p. 57—58.

[2]) Rohde, griech. Roman p. 40—41, 43. 44—45, besonders p. 48 und Anm. 2.

[3]) Rohde, griech. Roman p. 15—16.

Volkes verknüpfte, völlig zu lösen, und ihn gänzlich auf seine individuelle Einsicht und Ansicht zu beschränken.«[1]) Denn dass Griechen mit solchen Ansichten sich nicht gegen Fremdes abschlossen, dass von ihnen bei ihrer Rückkehr die etwa vorhandene Abneigung der Bewohner Griechenlands erschüttert werden musste, liegt auf der Hand. Wenn nun aber Rohde meint, dass die Griechen fremde Erzählungen von ihrer Litteratur fern gehalten hätten, so widersprechen dem wiederum seine eignen Worte. Denn er behauptet von den Novellen, dass sie, »von allem nationalen Eigensinn weit entfernt, überall mit gleicher Unbefangenheit sich einnisten, jedem Volke jeder Zeit gleich gerecht sind.«[2]) Durch die Aufnahme derartiger Geschichten kann die Cultur eines Volkes auch nicht zu einem »Mischmasch gleichgültiger Allerweltbildung« werden, besonders wenn es, wie die Griechen, versteht, das Fremde seinem Charakter anzupassen. Dieser Punkt spricht also ebenso sehr gegen als für eine Wanderung der »im eignen Vaterlande nicht sonderlich hoch geachteten Schätze«[3]) in den Orient.

Rohde ist ferner der Ansicht, dass nirgends in der Welt je alle Bedingungen zur Ausbildung der allerreichsten Novellendichtung so eng verbunden sich beisammen gefunden hätten, als bei den Bürgern griechischer Städte. Im Gegensatz dazu meint er a priori die Heimath solcher wohlersonnenen Novellen am allerwenigsten in Indien suchen zu dürfen, da die indische Phantasie, sich selbst überlassen, die unbezwingliche Neigung habe, im kühnsten Aufflug sich in die grenzenlosen Höhen der ungeheuersten Wahnvorstellungen emporzuschwingen.[4]) Giebt man nun auch zu,

---

[1]) Rohde, griech. Roman p. 15.

[2]) Rohde, Ueb. griech. Novellend. p. 55.

[3]) Rohde, Ueb. griech. Novellend. p. 57.

[4]) Rohde, Ueb. griech. Novellend. p. 67—68.

dass die Griechen die zur Hervorbringung von Novellen nöthigen Eigenschaften im vollsten Masse besassen, so ist man nicht minder zu der Behauptung berechtigt, dass vom Vorhandensein der Eigenschaften bis zur Bildung von Novellen noch ein weiter Schritt ist. Es muss eben noch der Anstoss hinzukommen, der diese todten Elemente in Bewegung setzt. Bei den Griechen erfolgte derselbe von aussen, durch die Berührung mit den Orientalen. In Indien liegt die Sache anders. Auch hier fanden sich die nöthigen Eigenschaften. Freilich wurden diese durch die brahmanische Hierarchie im höchsten Grade gehemmt.

Mit Buddhas Auftreten änderte sich die Lage der Dinge. Während die Brahmanen das Volk geistig geknechtet hatten, suchte er es als Stütze gegen seine Widersacher zu gewinnen, und um demselben seine Gedanken deutlich und begreiflich zu machen, griff er, sich ausserdem der Volkssprache bedienend, zu Beispielen aus dem gemeinen Leben. [1]) Welchen Erfolg er hatte, ist bekannt. Hier ist nur der Umstand von Wichtigkeit, dass auf diese Weise seine eigne, seiner Jünger und auch des Volkes Phantasie zur Bildung immer neuer Beispiele und Legenden höchst lebhaft angeregt wurde. Ohne dass also ein fremder Einfluss denkbar ist, wird durch den Lauf der einheimischen Geschichte die Entstehung der ungeheuren Menge von Erzählungen erklärt, welche von den Buddhisten in ihren Schriften überliefert sind. Sie dienen auch zugleich zum Beweise, dass die zu ihrer Bildung erforderlichen Eigenschaften bei den Indern vorhanden waren. Einen Theil der Erzählungen, nämlich die phantastischen, schreibt auch

---

[1]) Vgl. Köppen, Religion des Buddha I p. 133—134. Duncker, Gesch. des Alterthums 3^4 275—276. Max Müller, Chips 4, 147. Lassen, Ind. Alterthumsk. 2^2 437 ff.

Rohde der Erfindung der Inder zu, während die wohlersonnenen und wohlgebildeten auf ihn den Eindruck des Fremden, Entlehnten machen.[1]) Dieser Eindruck ist mir fremd, ich bin vielmehr der Ansicht, dass in dem verschiedenen Charakter der Erzählungen sich verschiedene Seiten des indischen Geistes spiegeln. In den einen hat die Phantasie freieren Spielraum, in den andern wird sie vom Verstande im Zaum gehalten. Letztere wegen dieses ihres Charakters allein für entlehnt zu erklären, heisst den Indern den Verstand absprechen. Es findet sich überhaupt der durchgreifende Gegensatz nicht, den Rohde sucht, sondern bald ist das Phantastische, bald das Verständige nur in einem höhern Grade vorhanden, so dass Rohde selbst, wollte er seine Ansicht praktisch durchführen, nur eine willkürliche, nie eine sichere Grenze bestimmen könnte. Dass bei Sammlungen bald diese bald jene Art der Erzählungen überwiegt, hängt ausserdem mit dem Zwecke der einzelnen Sammlung zuasmmen, und gewährt Rohdes Urtheil[2]) über die, auch aus buddhistischer Quelle stammenden, Erzählungssammlungen keine Stütze. Bei den in den heiligen Schriften der Buddhisten befindlichen Erzählungen findet auch ein Unterschied mit Bezug auf die Dogmatik statt. Einige sind wegen des dogmatischen Wortschwalls fast ungeniessbar, andere dagegen sind von demselben fast gänzlich frei. Wenn es nun auch nicht undenkbar ist, dass diese ebenfalls erst in späterer Zeit entstanden seien und ihre Einfachheit vom Charakter des Verfassers herrühre, so wird man dennoch solche Erzählungen durchweg mit Recht in eine höhere Zeit setzen als jene. Ja selbst bei den mit Kunstausdrücken überladenen wird man immer die

[1]) Rohde, Ueb. griech. Novellend. p. 68.
[2]) Rohde, Ueb. griech. Novellend. p. 68.

Möglichkeit in Betracht ziehen müssen, dass sie erst in späterer Zeit ihrer früheren Einfachheit beraubt und in ihre jetzige Form gebracht sind. Sei dem jedoch wie ihm wolle, so viel steht fest, dass eine Erzählung, mag sie auch noch so frei von speciell Buddhistischem sein, deswegen noch nicht den Eindruck des Entlehnten macht und noch minder einen griechischen Charakter hat. Es ist daher ein vergebliches Bemühen, die Legende von Kisâgotamî, selbst wenn sie so wenig phantastisch, so echt menschlich wäre, wie Rohde meint, auf diesem Wege als griechischen Ursprungs erweisen zu wollen.

Schliesslich beruft Rohde sich darauf, dass der Einen buddhistischen Legende drei griechische Erzählungen gegenüberstehen, dass die Geschichte demnach in griechischem Boden fest eingewurzelt sei. [1]) Dieser Grund hat unter allen von Weber und Rohde angeführten die grösste Beweiskraft, erfordert daher eine eingehende Erörterung.

Schon Weber hat neben der Legende von Kisâgotamî auf zwei ähnliche Geschichten, nämlich die Rahmenerzählung zum Dasaratha-Jâtakaṃ und die Legende von dem über den Tod seines Sohnes betrübten Vater bei Fausböll Dhp. p. 359.360 hingewiesen [2]). Ausser diesen beiden sind aber noch mehrere andere verwandt, wie eine kurze Betrachtung derselben zeigen wird. — Voran stelle ich das Dasaratha-Jâtakaṃ. Warum es diesen Vorzug verdient, wird unten erhellen. Dasselbe ward zuerst von d'Alwis in Uebersetzung nebst einigen Worten des Pâli-Textes mitgetheilt [3]); den vollständigen Text nebst Uebersetzung

---

[1]) Rohde, Ueb. griech. Novellend. p. 69.

[2]) Weber, Ueb. das Râmâyaṇa p. 65 Anm. 3.

[3]) d'Alwis, Attanagalu-Vansa, Colombo 1866 p. 166 ff. — Der grösste Theil dieser Uebersetzung ist wieder abgedruckt bei Weber, Ueb. das Râmây. p. 60 ff.

gab Fausböll heraus.[1]) Ich theile der Anschaulichkeit halber die wichtigste Stelle vollständig, von dem Uebrigen nur die Hauptzüge mit.

»Der König Dasaratha von Bârâṇasi (Benares) hat von seiner Hauptgemahlin zwei Söhne, Râma und Lakkhaṇa, und eine Tochter, Namens Sità. Nach einiger Zeit stirbt seine Frau. Die neue Hauptgemahlin, welche er nach langer Trauer an die Stelle der vorigen setzt, schenkt ihm einen Sohn, den Bharata. Der König verspricht ihr bei der Geburt des Kindes ein Geschenk. Sie verlangt, als der Prinz sieben bis acht Jahre zählt, für ihn die Herrschaft. Der König schlägt dies ab mit dem Hinweis auf seine älteren Söhne. Als sie aber von ihrem Verlangen nicht ablässt, entsteht in ihm die Furcht, dass sie durch falsche Briefe oder gemeine Bestechung seine andern Söhne vernichten könne. Daher räth er diesen, den Hof zu verlassen und in den Wald zu ziehen, um nach seinem Tode, der nach der Behauptung der Astrologen nach zwölf Jahren eintreten werde, zurückzukehren und die Herrschaft zu übernehmen. Sie ziehen fort indem auch die Schwester Sitâ sich ihnen anschliesst, und errichten am Himâlaya eine Einsiedelei. Ihr Vater stirbt aus Trauer schon im neunten Jahre. Bharata selbst eilt gegen den Willen seiner Mutter mit den königlichen Insignien zu Râma. Er trifft denselben, wie er glücklich und ohne Begierde vor der Thür der Einsiedelei sitzt. Bei der Nachricht vom Tode seines Vaters zeigt Râma nicht die geringste Veränderung: weder trauert noch weint er. Um den andern beiden, Lakkhaṇa und Sitâ, die bald darauf mit wilden Früchten heimkehren, durch die Mittheilung der

[1]) Fausböll, The Dasaratha-Jâtaka, the original Pâli Text with a Translation and Notes. Kopenhagen and London. 1871.

Trauernachricht nicht das Herz zu brechen, heisst er sie ins Wasser treten. Dreimal theilt er ihnen in einem Halbverse den Trauerfall mit, dreimal werden sie bewusstlos. Beim dritten Mal heben die Minister sie heraus und trösten sie dann [1]). Bharata fragt darauf den Râma, warum er nicht trauere, während Lakkhaṇa und Sîtâ ihre Trauer nicht unterdrücken können, und Râma antwortet in folgenden Versen:

1. „Wenn der Mensch etwas nicht bewahren kann
mag er auch viel klagen,
warum soll der Verständige und Weise
sich (dann) peinigen?

2. Denn die Jungen und die Alten,
die Thörichten und die Weisen,
die Reichen und die Armen,
alle sind dem Tode unterworfen.

3. Wie reife Früchte
immer in Gefahr sind zu fallen, [2])
so sind die sterblichen Menschen
immer in Gefahr zu sterben.

4. Am Abend sieht man Einige nicht,
von Vielen die man am Morgen sah;
am Morgen sieht man Einige nicht,
von Vielen die man am Abend sah.

---

[1]) Ich vermuthe statt der handschriftlichen Lesart laddhassâsesu nicht, wie Fausböll (p. 27), laddhassâsesuṃ, sondern laddh' assâsesuṃ = laddhâ (ger. von labhati) assâsesuṃ.

[2]) Die Stelle wird ebenso aufgefasst von Fausböll (Das.-Jât. p. 17) und Böhtlingk (Ind. Sprüche [2]5123). Coomâra Swâmy (a. a. O. p. 124. v. 3 des Salla Suttaṃ übersetzt: As from the fall of ripe fruits there is fear in the morning. (pâto für niccaṃ) vgl. p. 160. Mit ihm stimmt der Commentar zum Das.-Jât. (Fausböll Das.-Jât p. 8, 3 ff.)

5. Wenn durch Klagen
der Thor, welcher sich peinigt,
irgend einen Vortheil erreicht,
so mag der Weise dasselbe thun.
6. Mager, blass wird,
wer sein eignes Selbst peinigt;
die Todten werden dadurch nicht gerettet: [1])
nutzlos ist daher die Klage.
7. Wie ein brennendes Haus
mit Wasser gelöscht wird,
so vertreibt auch der weise, verständige,
kluge, einsichtige Mann
schnell die entstandene Trauer,
wie der Wind die Baumwolle.
8. Allein geht der Mensch von dannen,
allein wird er in einer Familie geboren;
aber Gesellschaft ist das höchste Ziel
der Freude aller Wesen.
9. Daher quält Trauer, selbst wenn sie gross ist,
nicht das Herz des Weisen, Verständigen,
der diese und jene Welt überblickt,
nachdem er das Gesetz erkannt hat.
10. Ich hier will geben und geniessen,
und die Verwandten will ich ernähren,
die Andern will ich beschützen;
das ist die Aufgabe des Einsichtigen.«

Nachdem Râma mit diesen Versen die Unbeständigkeit der Dinge auseinandergesetzt hat, ist die Versammlung von der Trauer befreit. Râma weigert sich vor dem zwölften Jahre zurückzukehren; bis dahin regieren seine Schuhe.

[1]) pâlenti steht metri causa für palenti, eine contrahirte Form für palâyanti; vgl. Dhp. v. 49 paleti-palâyati.

Dann übernimmt er selbst die Herrschaft, heirathet die Sitâ und regiert sechszehntausend Jahre.«

Die vorliegende Fassung der Râma-Sage bildet trotz Senart[1]) und Lassen[2]) eine der Vorstufen des Râmâyaṇa.[3]) Dass der Verfasser des letztern auch schon die Verse, mit denen Râma seine Geschwister tröstet, in der Legende vorfand, wird dadurch bewiesen, dass v. 3 und die erste Hälfte von v. 8 sich in ähnlicher Gestalt im Râmâyaṇa wiederfinden.[4]) Da nun dieses Gedicht sicher nicht nach Beginn unserer Zeitrechnung abgefasst ist, so wird das Jâtakaṃ spätestens in den ersten Jahrhunderten vor Chr. seine vorliegende Gestalt erhalten haben, eine Bestimmung, der das in demselben erwähnte Briefschreiben nicht widerspricht, da zu Açokas Zeit die Schrift nicht mehr so ungewöhnlich war.[5]) — Der Umstand, dass Râma, obwohl er selbst vom Verluste betroffen wird, seine Geschwister tröstet, scheint anzudeuten, dass die Personen der Râma-Sage schon in ihrem jetzigen Verhältniss bestimmt waren, ehe die Tröstung mit derselben verbunden wurde. Daher war dieselbe früher selbstständig, und es ist sehr wohl möglich, dass das später zu erwähnende Salla-Suttaṃ für diesen Theil des Jâtakaṃ die Grundlage gebildet hat, da beide

---

[1]) Senart, Essai sur la légende du Bouddha p. 370.

[2]) Lassen, Ind. Alterthumsk. 2² 502. Wenn Lassen meint, dass die buddhistische Erzählung ein Missverständniss oder eine Entstellung des Brahmanischen Originals von Seiten der Buddhisten ist, so ist das ein Irrthum. Von der Schwester heisst es nur: »Die Prinzessin Sitâ sprach: »»Auch ich will mit meinen Brüdern gehn««, grüsste ihren Vater und ging weinend hinaus«. Demnach ist hier von einer Pflicht, die sonst nur der Gattin obliegt, nicht die Rede.

[3]) Weber, Ueb. das Râmây. p. 1 ff.

[4]) Siehe Fausböll, Dasaratha-Jâtaka p. 28. 29.

[5]) Vgl. Burnell, Elements of South Indian Palaeography.

fünf Verse mit einander gemein haben. — Die Gedanken, mit denen Râma seine Umgebung tröstet, sind wegen ihrer Einfachheit und ihrer Freiheit von speciell Buddhistischem in eine sehr frühe Zeit zu setzen. Ja, ich glaube nicht allzu scharf getadelt zu werden, wenn ich es für wahrscheinlich halte, dass Buddha selbst derartige Gedanken in dieser Weise angewendet hat, davon abgesehen, dass sie ihm im Salla-Suttaṃ und in der Legende von Kisâgotamî direct, in den verwandten Jâtaka dagegen indirect in den Mund gelegt werden. — Râma führt zwei Gründe an, warum er nicht trauert: 1) Unabwendbarkeit und Allgemeinheit des Todes, v. 1—4 2) Zwecklosigkeit der Trauer, v. 5. 6., Gründe, welche man in allen Erzählungen dieses Kreises entweder einzeln, oder zusammen sei es selbstständig nebeneinander sei es verschmolzen antreffen wird.

Dem Dasaratha-Jâtakaṃ reihe ich das Uraga-Jâtakaṃ an. Dasselbe befindet sich im Jâtakaṃ 5. 1. 4 und hat nach Westergaards Catalog etwa die doppelte Länge des unten mitgetheilten Sujâta-Jâtakaṃ.

Leider ist es noch nicht veröffentlicht, da Fausbölls Ausgabe des Jâtakaṃ erst bis zum Ende des dritten Nipâta vorgeschritten ist. Bis jetzt ist man daher auf das angewiesen, was man hinsichtlich seines Inhalts aus der Erzählung des Dhammapadaṃ erschliessen kann, in welcher dasselbe theilweise erwähnt wird. Der Pâli-Text ist von Fausböll herausgegeben[1]; ich theile denselben in Uebersetzung mit.

»Die Lehre »»Aus Freude entsteht«« ertheilte Satthâ, in Jetavanaṃ weilend, mit Bezug auf einen Landmann. Dieser ging als ihm sein Sohn gestorben war, von Trauer um denselben befallen, nach dem Verbrennungsplatz und

[1] Fausböll, Dhammapadaṃ, Hauniae 1855 p. 359. 360.

weinte; er war nicht im Stande, die Trauer um den Sohn zu ertragen. Satthâ, der in früher Stunde die Welt überblickte und bemerkte, dass Jener für den Pfad der Sotâpatti bestimmt war, ging nach Beendigung des Almosensammelns mit einem jüngern Priester an die Thür seiner (des Landmannes) Wohnung. Als dieser erfuhr, dass Satthâ gekommen sei, (dachte er): »»Er wird sich freundlich mit mir unterhalten wollen.«« hiess Satthâ eintreten und bereitete in der Mitte des Hauses einen Sitz. Nachdem Satthâ sich niedergelassen hatte, ging er hinzu, grüsste ihn und setzte sich seitwärts (von ihm). Da fragte ihn Satthâ: »»Warum denn, o Laienbruder bist du betrübt?«« Er antwortete: »»Aus Schmerz über den Tod des Sohnes.«« (Satthâ) sprach: »»Sei nicht betrübt, o Laienbruder: der Tod ist nicht nur an Einem Orte, und nicht nur für Einen (bestimmt), sondern so lange es ein Entstehen der Dinge[1]) giebt, trifft er alle lebenden Wesen; auch nicht ein einziges Element ist ewig. Man muss daher nicht trauern, sondern weise überlegen, indem man spricht: »»»Was dem Tode unterworfen, ist todt; was der Auflösung unterworfen, ist aufgelöst.«««[2]) Denn auch die alten Weisen unterdrückten beim Tode eines Sohnes die Trauer mit den Worten: »»»Was dem Tode unterworfen, ist todt; was der Auflösung unterworfen, ist aufgelöst«««, und hegten den Gedanken an den Tod. (Jener) bat ihn: »»Erzähle mir,

[1]) Childers s. v. yâvatâ übersetzt bhâvuppatti mit »existence and rebirth«.

[2]) Auch diese Stelle ist von Childers übersetzt. (s. v. yoniso). Der zweite Theil des Gedankens findet sich in ähnlicher Form im Commentar zu v. 3—4 des unten übers. Sujâta-Jât. (Fausböll, Das.-Jât. p. 32, 19—20): »Die Elemente, welche der Auflösung unterworfen sind, werden aufgelöst«.

o Herr, welche Solches thaten«, und zur Erklärung der Sache theilte Satthâ eine Geschichte mit, (nämlich) das im fünften Nipâta (stehende) Uraga-Jâtakaṃ (mit dem Verse):

»Wie die Schlange ihre alte Haut verlässt
und in schöner Gestalt fortgeht,[1])
so kümmert sich der, welcher nach dem Tode
des elenden Körpers verbrannt wird,
nicht um die Klage der Verwandten:
daher bedaure ich ihn nicht: er ist in den
Zustand gegangen, der für ihn bestimmt war.«

Nachdem er (dieses) ausführlich erzählt hatte, sprach er: »So (handelten) die Weisen auch in früherer Zeit beim Tode eines Sohnes: wie du jetzt, deine Geschäfte vernachlässigend, ohne Speise, unter Thränen umherwanderst, so wanderten sie nicht umher, (vielmehr) unterdrückten sie die Trauer durch den fortwährenden Gedanken an den Tod, nahmen Speise zu sich und besorgten ihre Geschäfte[2]). Daher sei nicht betrübt, dass dein lieber Sohn gestorben ist; denn auch Trauer oder Furcht, wenn sie entsteht, entsteht durch Freude.« Darauf sprach er diesen Vers (v. 212 des Dhp.):

»Aus Freude entsteht Trauer, aus Freude ensteht Furcht;
wer ohne Freude lebt, hat keine Trauer geschweige Furcht.»

Erzählung von einem Landmann.

Diese Geschichte aus dem Commentare zum Dhammapadaṃ ist, wie mehrere andere, aus der Rahmenerzählung eines Jâtakaṃ hervorgegangen, wie ein Vergleich derselben mit der unten mitgetheilten Rahmenerzählung des Sujâta-

---

[1]) Die Handschrift hat die richtige Lesart: sattanu = schönen Körper habend.

[2]) Ich mache auf den streng durchgeführten Chiasmus aufmerksam.

Jâtakaṃ deutlich zeigt. Statt des ganzen Jâtakaṃ ist vorliegendem Falle aber nur der Vers, dessen erstes Wo dem Jâtakaṃ den Namen giebt, mitgetheilt. Ob dasselb ausser diesem noch andere Verse enthält, ist unbestimm Von dem Inhalte der Erzählung ist nur Folgendes zu erkenner

»Ein Vater, der seinen Sohn verloren hat, trauert nich um denselben, und giebt, über sein Benehmen befragt, i dem oben mitgetheilten Verse den Grund für dasselbe an.

Im Verhältniss zum Dasaratha-Jâtakaṃ haben Vate und Sohn die Rollen gewechselt. Das Auftreten de Vaters erinnert an dasjenige Râmas; beide werden auch auf ähnliche Weise zum Sprechen veranlasst. Ob nun der Vater im Uraga-Jâtakaṃ zugleich, wie Râma, seine Umgebung tröstet, ob er, wie dieser, neben der Zwecklosigkeit der Trauer auch die Allgemeinheit des Todes selbstständig hervorhebt, ist nicht zu entscheiden. — Endlich sei bemerkt, dass das Uraga-Jâtakaṃ mit dem Uraga-Suttaṃ [1]) nur den Gedanken: »Wie die Schlange ihre alte Haut verlässt« gemein hat. Ein, ebenfalls nur äusserlich verwandtes, Uraga-Jâtakaṃ, findet sich noch Jâtakaṃ 2,1,4. [2])

Der Text des Sujâta-Jâtakaṃ, zu welchem ich mich jetzt wende, ist von Fausböll herausgegeben. [3]) Da er keine Uebersetzung beigefügt hat, so erlaube ich mir dieselbe zu geben.

---

[1]) Es ist in Text und Uebersetzung herausgegeben von Spiegel in »Anecdota Pâlica von Fr. Spiegel. Leipzig 1845« p. 77 ff., in Uebersetzung allein von Coomâra Swâmy (Sutta Nipâta, translated from the Pâli. London 1874 p. 3 ff.).

[2]) Herausgegeben von Fausböll. (Jâtaka. Text. vol. II. London 1879 p. 12 ff.).

[3]) Fausböll, Dasaratha-Jât. p. 30—34. — Nach dem Siṃhalesischen ist es mitgetheilt von Spence Hardy. (Manual of Budhism. p. 107 ff.).

»Dieses, (nämlich) »»Wie? eilig«« [1]) erzählte Satthâ, in Jetavanaṃ weilend, mit Bezug auf einen Landmann, dessen Vater gestorben war. Dieser, so wird erzählt, jammerte nach dem Tode seines Vaters unaufhörlich [2]): er war nicht im Stande, die Trauer zu unterdrücken. Satthâ, der bemerkte, dass Jener für die Erlangung der Sotâpatti bestimmt war, ging, nachdem er in Sâvatthî Almosen gesammelt hatte, mit einem jüngern Priester in seine (des Landmannes) Wohnung, nahm auf dem (für ihn) bereiteten Sitze Platz und sprach zu Jenem, der ihn begrüsst und sich (ebenfalls) gesetzt hatte [3]): »»Du bist betrübt, o Laienbruder?«« (Jener) sprach: »»Ja, o Herr.«« (Satthâ) sagte: »»Die alten Weisen, o Freund, trauerten, nachdem sie die Erzählung der Weisen vernommen, nicht beim Tode eines Vaters«« und erzählte auf jenes (des Landmannes) Bitte eine Geschichte:

»»Einst, als Brahmadatta in Bârâṇasî herrschte, ward der Bodhisatta im Hause eines Landmannes geboren. Man gab ihm den Namen »Knabe Sujâta.« Als er erwachsen war, starb sein Grossvater. Sein Vater nun, seit dem Tode desselben in Trauer versenkt, holte die Gebeine vom Verbrennungsplatze, errichtete in seinem Lustgarten einen Erd-Thûpa (Erdhügel) (und) legte dieselben hinein; so oft er (dahin) ging, schmückte er den Hügel mit Blumen und klagte, in sich versunken; weder badete noch salbte er sich; er ass nicht, noch besorgte er seine Geschäfte.

---

[1]) Ueber idam nach ti vgl. oben Anm. 1. — »Kin nu santaramâno vâ ti idaṃ« steht, pars pro toto, für das ganze atîtaṃ.

[2]) Ueber car mit partic. im Saṃskṛt vgl. Whitney, Indische Grammatik § 1075, b.

[3]) Der Lesart der Handschrift C.: »saṃnisinnaṃ gegenüber halte ich diejenige der H-S. B.: »nisinno taṃ vanditvâ nisinnaṃ« für die richtige.

Als der Bodhisatta ihn sah, (dachte er): »»»Mein Vater ist seit dem Tode des Grossvaters fortwährend von Trauer überwältigt; ausser mir aber kann Niemand ihn trösten; ich will ihn (daher) durch einen Kunstgriff von seiner Trauer befreien.««« Ausserhalb der Stadt sah er einen todten Ochsen, holte Gras und Wasser herbei, legte dasselbe vor ihm hin und sprach: »»»Friss, friss; saufe saufe.««« Als die herbeigekommenen Leute ihn sahen, sprachen sie zu ihm: »»»Freund Sujâta, bist du von Sinnen; du giebst einem todten Ochsen Gras und Wasser?««« Er erwiderte nichts. Da gingen sie zu seinem Vater und sagten zu ihm: »»»Dein Sohn hat seinen Verstand verloren; er giebt einem todten Ochsen Gras und Wasser.««« Als der Landmann das hörte, verschwand der Kummer um seinen Vater, (dagegen) entstand ihm Kummer um seinen Sohn. Er ging schnell hin, sagte (zu seinem Sohn): »»»Bist du nicht verständig, lieber Sujâta; weshalb giebst du einem todten Ochsen Gras und Wasser?««« und sprach dann zwei Verse:

1. »»»Wie? eilig
schneidest du grünes Gras
und sprichst: »Friss, friss«
zu einem gestorbenen alten Ochsen?
2. Denn nicht durch Fressen (und) Saufen
möchte ein todter Ochse wieder lebendig werden;
und du redest Unsinn,
wie ein Thörichter.«««

Darauf sprach der Bodhisatta zwei Verse:

3. »»»Hier ist der Kopf
der Rücken, die Füsse [1]) und der Schweif;

---

[1]) Ich übersetze nach der Lesart des Commentars zu v. 4 »pitthipâdâ«, da nach meiner Ansicht hatthapâdâ von einem Ochsen nicht gebraucht werden kann.

die Ohren sind hier:
Der Ochse, denke ich, kann wieder lebendig werden
4. Weder der Kopf des Grossvaters,
noch der Rücken und die Füsse sind sichtbar.
Der du am Erdhügel weinst,
bist du nicht thöricht?‹‹‹

Als der Vater des Bodhisatta dies hörte, dachte er: ›››Mein Sohn ist weise, er kennt die Pflicht dieser und jener Welt, er handelt so, um mich zu trösten.‹‹‹ Dann sagte er: ›››Lieber weiser Sujâta, ich habe erkannt dass alle Elemente vergänglich sind: von nun an will ich nicht (mehr) trauern. Ein Sohn (aber), der seinem Vater die Trauer entfernt, muss so sein (wie du)‹‹‹ und den Sohn preisend sprach er (weiter):

5. ›››Das Fleisch, welches brennt
wie ein mit geklärter Butter besprengtes Feuer,
gleichsam mit Wasser begiessend,
zerstörtest [1]) du den ganzen Schmerz.
6. Du entferntest mir die Pein,
welche mir im Herzen wohnte,
du, der du mir, dem in Trauer Versenkten,
die Trauer um den Vater vertriebst.
7. Ich bin erlöst von der Pein,
von Trauer frei, (und) heiter;

[1]) nibbâpaye ist nach dem Commentar gleich nibbâpayi, also Aorist; der Form nach kann es aber nur Potential des Präsens sein. Der Grammatik wie dem Commentar und dem Sinn wird Genuge geleistet, wenn man nibbâpayo liest. Diese Aenderung wird sowohl durch die Häufigkeit der Verwechselung von e und o in der Simhalesischen Schrift gerechtfertigt, als dadurch, dass sich für v. 5 in C und auch Dhp. 96, 19 nibbâpayo findet. nibbâpayo ist die 2. ps. sg. des einfachen Aorists (s. Kuhn, Beiträge p. 108 ff.) statt der gewöhnlichen Form des s-Aorists: nibbâpayi.

nicht traure ich, nicht weine ich,
nachdem ich dich gehört, o Jüngling.

8. So handeln die Verständigen,
welche mitleidig sind:
sie befreien von der Trauer
wie Sujâta den Vater.«««

Nachdem Satthâ diese Lehre ertheilt (und) die (vier erhabenen) Wahrheiten verkündigt hatte, fasste er das Jâtakaṃ zusammen. Am Ende (der Verkündigung) der (vier erhabenen) Wahrheiten erlangte der Landmann die Stufe der Sotâpatti. — »»Damals (war) ich eben Sujâta.««

Das Sujâta-Jâtakaṃ.

Zwischen diesem Jâtakaṃ und den vorhergehenden finden sich mehrere Uebereinstimmungen. In allen (vom Uraga-Jâtakaṃ ist dieser Punkt noch nicht bekannt) werden Kinder über den Verlust des Vaters getröstet. In allen wird der Tröstende, falls der Vater im Uraga-Jâtakaṃ als solcher zu betrachten ist, selbst durch den Trauerfall betroffen und zeigt trotzdem nicht die geringste Betrübniss. Daneben giebt es manche Verschiedenheiten. Im Dasaratha-Jâtakaṃ geschieht die Tröstung durch den Bruder der Trauernden, den Sohn des Todten, im Sujâta-Jâtakaṃ durch den Sohn des Betrübten, den Enkel des Verstorbenen, im Uraga-Jâtakaṃ, wenn überhaupt, durch den Vater des Todten. Ferner wird, wie der Vater im Uraga-Jâtakaṃ durch irgendeine Frage zur Begründung seines Benehmens, so Râma durch die Frage des Bharata zur Erklärung seines Auftretens und somit zur Tröstung, Sujâta dagegen durch den Anblick der Trauer seines Vaters zur Befreiung von derselben veranlasst. Endlich weist Râma auf die Allgemeinheit des Todes und die Zwecklosigkeit der Trauer hin, während Sujâta, und wahrscheinlich auch der Vater im Uraga-Jâtakaṃ, nur letztere benutzt, sie aber, im Gegensatz zum Dasaratha- und Uraga-Jâtakaṃ in drastischer Weise zur Geltung bringt. Das Uraga-Jâtakaṃ steht also dem Dasaratha-Jâtakaṃ näher als das Sujâta-Jâtakaṃ und ist daher an richtiger Stelle eingereiht.

Ich gehe nun zur Erzählung von Maṭṭakuṇḍalî über. Der Text derselben ist von Fausböll herausgegeben, [1]) aber nicht übersetzt. Deshalb setze ich den Theil, welcher hier in Betracht kommt, vollständig her, den übrigen aber nur im Auszug

›Der Brahmane Adinnapubbaka lässt seinen Sohn Maṭṭakuṇḍali, der die Gelbsucht hat, aus Geiz ohne ärztliche Behandlung und bringt ihn todtkrank auf die Veranda hinaus, damit die Leute, welche nach dem Tode desselben kommen werden, um ihn zu sehen, nicht die Schätze im Hause bemerken. Buddha, der erkennt, dass Vater und Sohn für seinen Glauben werden gewonnen werden, geht nach des Brahmanen Haus und erscheint dem Sohn, ohne dass der Vater es merkt. Maṭṭakuṇḍalî wendet sich gläubig zu Buddha und wird nach seinem Tode im Tâvatiṃsa-Himmel [2]) geboren. — Der Brahmane war, nachdem er den Körper seines Sohnes hatte verbrennen lassen, auf dem Verbrennungsplatz ganz der Trauer hingegeben; täglich ging er nach dem Verbrennungsplatz und weinte: ››Wo, o einziger Sohn, wo, o einziger Sohn, (bist du)?‹‹ Auch sein Sohn, der ein Gott geworden war, gewahrte sein Glück und überlegte, durch welche That er es em-

[1]) Fausböll, Dhammapadaṃ p. 93—99. — Die barmanische Bearbeitung (Rogers p. 12—17) hat gerade die wichtigste Stelle sehr verkürzt.

[2]) Nach Childers' Conjectur (Dictionary s. v. yojaniko. — Tâvatiṃsabhavane bei Childers ist wohl ein Schreibfehler für Tâvatiṃsadevaloke).

pfangen habe; als er erkannte, dass (er es) durch seinen Glauben an Satthâ (erlangt), dachte er: »»Dieser Brahmane bereitete mir während meiner Krankheit kein Heilmittel; jetzt geht er nach dem Verbrennungsplatz und weint; (ich) muss ihn in einen andern Zustand versetzen.«« Er ging in der Gestalt des Maṭṭakuṇḍali [1]) hin und stellte sich in die Nähe des Verbrennungsplatzes, weinend und die Arme ausstreckend. Als der Brahmane ihn sah, (dachte er): »»Ich weine doch aus Trauer um meinen Sohn, weswegen weint aber dieser? Ich will ihn fragen,«« und (ihn) fragend sprach er diesen Vers:

1. »»Geschmückt (war) Maṭṭakuṇḍali,
Kränze tragend, auf einer Erhöhung von gelbem
Sandelholz. [2])
Warum klagst du, die Arme ausstreckend
mitten im Walde, betrübt?««

Der sprach: »»Ich habe ein goldenes, glänzendes, fertiges Wagengestell, zu diesem kann ich die beiden Räder nicht finden; wegen dieses Missgeschicks will ich aus dem Leben scheiden.«« Da sprach der Brahmane zu ihm: »»Von Gold, Edelstein, Eisen oder Silber? sage (es) mir, edler Jüngling; ich werde dir die beiden Räder verschaffen.«« [3]) Als der Jüngling dies vernahm, dachte er: »»Dieser bereitete

[1]) Ich halte die Conjectur Fausböll's (Dhp. p. 468) »Maṭṭakuṇḍalivaṇṇen' âgantvâ« für richtig wegen des späteren (Dhp. 95, 31) puttapatirûpakaṃ, das nach meiner Ansicht die von Childers s. v. patirûpako angegebene Bedeutung nicht haben kann.

[2]) Dieser Theil des Verses bezieht sich auf die Verbrennung des Maṭṭakuṇḍali. Vgl. Hardy, Man. of Budhism p. 347. (Par.-S. ed. by Childers p. 66 wird nicht angegeben, ob der Scheiterhaufen von Sandelholz war). cf. Raghuv. 8, 70. Der Sinn ist: Maṭṭakuṇḍali ist gestorben, und um ihn traure i c h.

[3]) Es ist zu lesen: paṭilâbhayâmi te ti.

(seinem) Sohne kein Heilmittel und (jetzt), wo er (einen) sieht, der seinem Sohn ähnlich ist, verspricht er unter Thränen, ein Wagenrad von Gold u. s. w. zu machen; gut, ich will ihn zurechtweisen›‹ und sagte dann: ››Wie gross willst du mir die beiden Räder machen?‹‹ (Jener) sprach: ››So gross wie du (sie) wünschest.‹‹ Der Jüngling bat: ››Ich gebrauche Sonne und Mond; gieb sie mir!‹‹ und sprach dann zu ihm: ››Sonne und Mond (sind) beide da,[1]) als Brüder; mein goldener Wagen (wird) durch diese beiden Räder erglänzen.‹‹ Da sprach der Brahmane zu ihm: ››Was für ein Thor bist du, o Jüngling, der du das verlangst, was man nicht verlangen soll; du wirst, denke ich, sterben, denn nicht wirst du Sonne und Mond erlangen.‹‹

››Da sprach der Jüngling zu ihm: ››Wie so denn? Ist der thöricht, welcher wegen eines sichtbaren, oder der, welcher wegen eines unsichtbaren Dinges weint?‹‹ und (fuhr dann fort): ››Auch (ihr) Gehen und Kommen sieht man. Farbe und Stoff, beide sind da[2]); wer aber gestorben ist, wird nicht (mehr) gesehen: wer denn von den Klagenden ist der grössere Thor?‹‹[3]) Als der Brahmane das hörte und merkte, dass Jener Recht hatte, sprach er: ››Du sagst in der That die Wahrheit, o Jüngling: ich eben bin von den Klagenden der grössere Thor, der ich, wie ein weinendes Kind den Mond, den Gestorbenen begehre.‹‹[4])

---

[1]) Ich lese: ubhay' ettha.

[2]) Am Anfang der Rede fehlen einige Worte. — Sodann vermuthe ich: »vaṇṇadhâtû ubhay' ettha vijjanti«.

[3]) Man lese: dissati ko n'îdha (= nu idha) kandataṃ balyataro. Dissako ist bei Childers zu streichen. Hinter balyataro, einem Comparativ von balyaṃ (s. Whitney, Indische Grammatik § 473), ist »ti âcikkhi« oder Aehnliches ausgefallen.

[4]) Ich conjicire: »rudaṃ petakâlakatâbhipatthayan. Beide Formen, sowohl rudaṃ als petakâlakatâbhipatthayan für petaṃ kâlakataṃ abhipatthayan weisen auf eine metrische Quelle hin.

Durch die Rede desselben (des Jünglings) von der Trauer befreit, sprach er den Jüngling preisend diese Verse:

2. »»Das Fleisch, welches brennt
wie ein mit geklärter Butter besprengtes Feuer,
gleichsam mit Wasser begiessend,
zerstörtest [1]) du den ganzen Schmerz.

3. Du entferntest mir die Pein,
die Trauer, welche im Herzen wohnt,
der du mir, dem in Trauer Versenkten [2])
die Trauer um den Sohn vertriebst.

4. Ich bin erlöst von der Pein,
beruhigt (und) glücklich;
nicht traure ich, nicht weine ich,
nachdem ich dich gehört, o Jüngling.«« —

Maṭṭakuṇḍalî erzählt dann auf des Brahmanen Bitte von seinem Glück. Der Brahmane ladet, wie ihm sein Sohn gerathen, Buddha zum Essen und fragt ihn, ob er allein durch den Glauben im Himmel wiedergeboren werden könne. Buddha antwortete, Maṭṭakuṇḍalî selbst habe es ihm ja mitgetheilt, und lässt dann, da der Brahmane seinen Worten nicht glaubt, den Gott sammt seinem gewaltigen Palast vom Himmel kommen: worauf auch der Brahmane sich bekehrt«.

In dieser Geschichte finden sich viele speciell buddhistische Züge. Ist sie deshalb und weil sie nur im Commentar steht, immerhin später entstanden, als die zum Tipiṭakaṃ selbst gehörigen und von speciell Buddhistischem fast gänzlich freien Jâtaka, welche ich vorhin angeführt

---

[1]) Ueber nibbâpayo vgl. oben p. 45 Anm. 1.

[2]) Die richtige Lesart hat die Handschrift R (s. Fausböll, Dhp. p. 468.)

habe, so hat man dennoch kein Recht, ihre Entstehung und auch ihre Aufnahme in den Commentar aus diesem Grunde über Mahinda herabzurücken, da zu dessen Zeit bereits mehr als zweihundert Jahre seit Buddhas Tode verflossen waren. — Der Inhalt der Erzählung steht dem des Sujâta-Jâtakaṃ sehr nahe. In beiden wird der Vater von seinem Sohn, im Sujâta-Jâtakaṃ allerdings über den Tod des Vaters, des Tröstenden Grossvaters, in der Erzählung von Maṭṭakuṇḍalî dagegen über den Tod des Sohnes, des Tröstenden selbst, durch den Hinweis auf die Zwecklosigkeit der Trauer getröstet. In beiden wird dieselbe durch einen handgreiflichen Vergleich bewiesen, freilich auf verschiedene Weise, indem nämlich Sujâta einen todten Ochsen beleben will, während Maṭṭakuṇḍalî betrübt ist, dass er Sonne und Mond nicht erlangen kann. In beiden sind drei Verse bis auf wenige Unterschiede sogar gleichlautend. Bemerkenswerth ist hierbei, dass, wie Maṭṭakuṇḍalî als Gott von Adinnapubbaka, so auch Sujâta von seinem Vater in diesen Versen mit mâṇava (Jüngling) angeredet wird, während er ihn sonst immer tâta (Lieber) nennt. Dadurch ist die Annahme begründet, dass der Verfasser des Sujâta-Jâtakaṃ diese Verse aus dem Dhammapadaṃ oder wahrscheinlicher aus der gemeinschaftlichen Quelle entnahm, ohne die nöthigen Aenderungen vollständig auszuführen. Aber trotz dieser vielen Uebereinstimmungen steht die Erzählung von Maṭṭakuṇḍalî den übrigen Jâtaka ferner als das Sujâta-Jâtakaṃ, weil der Vergleich des Maṭṭakuṇḍalî zwischen Mensch und Gestirn, ferner liegt als der des Sujâta zwischen Mensch und Thier, und besonders, weil Maṭṭakuṇḍalî die Trauer des Vaters sowohl verursacht als auch entfernt.

Während diese Erzählung des Commentars zum Dhammapadaṃ mit dem Verse, zu dessen Beleuchtung sie erzählt wird, (v. 2) nur lose zusammenhängt, sind die Erzählungen des Commentars zum Jâtakaṃ, welche hier zu erwähnen sind, mit denen des Textes auf das Innigste verknüpft. In allen diesen Rahmenerzählungen richtet sich das Verhältniss der Personen zu einander nach demjenigen der Haupterzählungen, jedoch mit der Ausnahme; dass in jenen Buddha der Tröstende ist, eine Stellung, welche er nach der Meinung der Buddhisten freilich auch in den Haupterzählungen, als Bodhisatta nämlich, einnimmt. In allen wird die Befreiung von der Trauer durch die Erzählung des Jâtakaṃ bewirkt. In diesem Punkte weicht vielleicht die Rahmenerzählung des Uraga-Jâtakaṃ ab, da in ihr, nach der Gestalt, welche sie im Dhammapadaṃ hat, zu urtheilen, neben dem Uraga-Jâtakaṃ auch die Allgemeinheit des Todes zur Tröstung verwendet wird.[1]) Doch kann die Aufnahme dieses Gedankens, eben so gut wie die Verknüpfung der Geschichte mit dem Verse des Dhammapadaṃ, auch bei der Einreihung in den Commentar zum Dhammapadaṃ stattgefunden haben, um die kurze Rahmenerzählung nach dem Vorbilde der meisten Erzählungen des Commentars zum Dhammapadaṃ reicher auszustatten. Am wenigsten ausgeführt ist die oben mitgetheilte Erzählung zum Sujâta-Jâtakaṃ. Etwas länger, aber im Ganzen der vorigen doch sehr ähnlich, ist die zum Dasaratha-Jâtakaṃ. In ihr ist die Erwähnung der aṭṭha lokadhammâ[2]) von einiger Bedeutung, wenngleich sie nicht zum Beweise dienen kann, dass die Erzählung später als die von Maṭṭakuṇḍalî entstanden sei.

An diese Rahmenerzählungen der Jâtaka schliesst sich die Geschichte des Commentars zum Salla-Suttaṃ an. Sie

---

[1]) s. oben p. 39—41.

[2]) s. Fausböll, Dasaratha-Jât. p. 13.

ist bis jetzt nur aus folgender Inhaltsangabe von Coomâra Swâmy [1]) bekannt:

»When a devotee, lamenting the death of his son, refused to take any nourishment whatever for a whole week, Buddha, through compassion, went to him and delivered this discourse.«

Wie im Uraga-Jâtakaṃ und in der Erzählung von Maṭṭakuṇḍalî, ist auch in dieser ein Sohn gestorben. Wie in den Rahmenerzählungen der Jâtaka, wird auch hier die Befreiung von der Trauer durch die Mittheilung eines Theiles aus dem Tipiṭakaṃ selbst erreicht; allerdings besteht derselbe dort in einer Erzählung, hier aus einer einfachen Auseinandersetzung. Wie im Dasaratha-Jâtakaṃ, wird im Salla-Suttaṃ, das von Fausböll herausgegeben [2]) und von Coomâra Swâmy übersetzt [3]) ist, sowohl auf die Allgemeinheit und Unabwendbarkeit des Todes (v. 1—8, 14—16) als auch auf die Zwecklosigkeit der Trauer (v. 9—13. 17) hingewiesen.

Ausser diesen acht Erzählungen finden sich noch mehrere, die der Legende von Kisâgotamî verwandt sind. Freilich kann man nicht entscheiden, ob der Vers: [4])

»Gewinn und Verlust, Unehre und Ehre,
Tadel und Lob, Glück und Unglück:
Das sind die vergänglichen Schicksale der Menschen.
Traure nicht; warum trauerst du, o Poṭṭhapâda?«

auch einer derartigen angehört, da der Grund der Trauer nicht bestimmt genug bezeichnet ist. Um so bestimmter ist Fausbölls Angabe [5]), dass die Verse 5—7 des Sujâta-

---

[1]) Coomâra Swâmy a. a. O. p. 124.

[2]) Fausböll, Dasaratha-Jât. p. 34—37.

[3]) Coomâra Swâmy a. a. O. p. 124—127.

[4]) Fausböll, Dasaratha-Jât. p. 9.

[5]) Fausböll, Dasaratha-Jât. Preface.

Jâtakaṃ, welche mit den Versen 2—4 der Erzählung von Maṭṭakuṇḍalî übereinstimmen, sich in den Jâtaka 365, 403, 441 und 446 wiederfinden, und man hat daher einen triftigen Grund, der Veröffentlichung dieser vier Erzählungen, die hoffentlich bald erfolgen wird, mit Spannung entgegenzusehen.

Diesen buddhistischen Geschichten gegenüber stelle ich diejenigen griechischen zusammen, welche der Legende von Kisâgotamî ähnlich sind und bezeichne mit wenigen Worten ihren Charakter. Ich kann mich hier sehr kurz fassen, weil die Eigenthümlichkeiten wegen der geringen Ausführlichkeit der Erzählungen leicht erkennbar sind.

Neben den von Weber und Rohde angeführten Geschichten gehört noch eine zu diesem Ideenkreise, nämlich die Verspottung des Herodes Atticus durch Demonax wegen seiner übertriebenen Trauer um den gestorbenen Polydeukes. Sie lautet: [1])

Ἐπεὶ δὲ Ἡρώδης ὁ πάνυ ἐπένθει τὸν Πολυδεύκην πρὸ ὥρας ἀποθανόντα καὶ ἠξίου ὄχημα ζεύγνυσθαι αὐτῷ καὶ ἵππους παρίστασθαι ὡς ἀναβησομένῳ καὶ δεῖπνον παρασκευάζεσθαι, προσελθών, παρὰ Πολυδεύκους, ἔφη, κομίζω σοί τινα ἐπιστολήν. ἡσθέντος δὲ ἐκείνου καὶ οἰηθέντος ὅτι κατὰ τὸ κοινὸν τοῖς ἄλλοις καὶ αὐτὸς συντρέχει τῷ πάθει αὐτοῦ, καὶ εἰπόντος· τί οὖν, ὦ Δημῶναξ, Πολυδεύκης ἀξιοῖ; αἰτιᾶταί σε, ἔφη, ὅτι μὴ ἤδη πρὸς αὐτὸν ἄπει.

Unter den übrigen Versionen sondert sich die bei Pseudo-Callisthenes von den beiden andern ab. Sie findet sich, wie erwähnt, nur in der Leidener Handschrift desselben und hat folgenden Wortlaut: [2])

---

[1]) Demonax Cap. 24. — Ich gebe den Text nach der Ausgabe Lucians von Fritzsche, vol. II pars I p. 203—204.

[2]) Zacher a. a. O. p. 190. Fleckeisens Jahrbücher Suppl. V p. 790—791.

Προσέταξε δὲ γράψαι πρὸς τὴν μητέρα αὐτοῦ οὕτως·

Ἐπιστολὴ Ἀλεξάνδρου πρὸς Ὀλυμπιάδα τὴν μητέρα αὐτοῦ ἔχουσα οὕτως·

Βασιλεὺς Ἀλέξανδρος τῇ γλυκυτάτῃ μοι μητρὶ χαίρειν. δεξαμένη μου ταύτην τὴν τελευταίαν γραφὴν ποίησον ἄριστον πολυτελῆ εἰς ἀντάμειψιν τῆς ἄνω προνοίας τὸν τοιοῦτόν σοι παρασχούσης υἱόν. πλὴν εἰ βούλει με θεραπεῦσαι, αὐτὴ δι' ἑαυτῆς πορευθεῖσα συνάγαγε πάντας, μικρούς τε καὶ μεγάλους, πλουσίους καὶ πένητας ἐν τῷ ἀρίστῳ, λέγουσα πρὸς αὐτούς· ἰδοὺ τὸ ἄριστον ἡτοίμασται · δεῦτε οὖν χυθέντες, πλὴν μηδεὶς ἐξ ὑμῶν ὃς ἔχει θλίψιν, ἢ νῦν ἢ ἔκπαλαι, εἰσέλθῃ, ὅτι οὐ θλίψεως ἄριστον ἐποίησα, ἀλλὰ χαρᾶς. ἔρρωσο, μῆτερ.

Τοῦτο δὲ ποιήσασα ἡ Ὀλυμπιὰς οὐδεὶς παρεγένετο ἐν τῷ ἀρίστῳ · οὔτε μικρὸς οὔτε μέγας, οὐ πένης εὑρέθη δίχα θλίψεως. εὐθὺς οὖν ἐπέγνω ἡ μήτηρ αὐτοῦ τὴν σοφίαν αὐτοῦ, καὶ ὡς ὅτε ἐκ τῶν ὄντων ἐξῆλθεν Ἀλέξανδρος χάριν παραμυθίας ἔγραψεν ταῦτα, ὡς ὅτι οὐ ξένον τι συνέβη τοῦτο, ἀλλὰ τὸ τοῖς πᾶσι συμβὰν καὶ συμβαῖνον.

Die Briefform ist durch die Composition des Romans veranlasst. Durch diese und den Zweck der Schrift wird die Eigenthümlichkeit begreiflich, dass Alexander die Trauer sowohl verursacht, als auch entfernt. Durch die Verhältnisse nahe gelegt ist auch die Einführung des Mahles und die Hinzufügung der Worte »*εἰς ἀντάμειψιν τῆς ἄνω προνοίας τὸν τοιοῦτόν σοι παρασχούσης υἱόν*«, durch welche der eigentliche Zweck des Briefes, nämlich die Befreiung von der Trauer, verhüllt, der Schluss der Erzählung aber desto wirkungsvoller wird.

Die Erzählung des Julian und die zweite im Demonax haben viele Aehnlichkeiten mit einander. Diese hat folgenden Inhalt: [1])

[1]) Demonax Cap. 25. Fritzsches Lucian vol. II pars I p. 204.

Ὡς δ' αὕτως[1]) *υἱὸν πενθοῦντι καὶ ἐν σκότῳ ἑαυτὸν καθείρξαντι προσελθὼν ἔλεγε μάγος τε εἶναι καὶ δύνασθαι ἀναγαγεῖν τοῦ παιδὸς τὸ εἴδωλον, εἰ μόνον αὐτῷ τρεῖς τινας ἀνθρώπους ὀνομάσειε μηδένα πώποτε πεπενθηκότας. ἐπὶ πολὺ δὲ ἐκείνου ἐνδοιάσαντος καὶ ἀποροῦντος (οὐ γὰρ εἶχέ τινα, οἶμαι, εἰπεῖν τοιοῦτον) εἶτ', ἔφη, ὦ γελοῖε, μόνος ἀφόρητα πάσχειν νομίζεις μηδένα ὁρῶν πένθους ἄμοιρον;*

Die Julian'sche Erzählung findet sich in einem Briefe, in welchem der Kaiser seinen Freund Amerios (oder Himerios) über den Tod seiner jungen Gattin tröstet, und zwar nicht so sehr durch den Hinweis auf die Allgemeinheit des Todes und die Nutzlosigkeit der Trauer, als eben durch die Anführung folgender Geschichte:[2])

Φασὶ γὰρ Δημόκριτον τὸν Ἀβδηρίτην, ἐπειδὴ Δαρείῳ γυναικὸς καλῆς ἀλγοῦντι θάνατον οὐκ εἶχεν ὅ, τι ἂν εἰπὼν εἰς παραμυθίαν ἀρκέσειεν, ὑποσχέσθαι οἱ τὴν ἀπελθοῦσαν εἰς φῶς ἀνάξειν, ἢν ἐθελήσῃ τῶν εἰς τὴν χρείαν ἡκόντων ὑποστῆναι τὴν χορηγίαν. κελεύσαντος δ' ἐκείνου μηδενὸς φείσασθαι, ὅ, τι δ' ἂν ἐξῇ λαβόντα τὴν ὑπόσχεσιν ἐμπεδῶσαι, μικρὸν ἐπισχόντα χρόνον εἰπεῖν, ὅτι τὰ μὲν ἄλλα αὐτῷ πρὸς τὴν τοῦ ἔργου πρᾶξιν συμπορισθείη, μόνου δὲ ἑνὸς προσδέοιτο, ὃ δὴ αὐτὸν μὲν οὐκ ἔχειν ὅπως ἂν λάβοι, Δαρεῖον δὲ ὡς βασιλέα ὅλης τῆς Ἀσίας οὐ χαλεπῶς ἂν ἴσως εὑρεῖν. ἐρομένου δ' ἐκείνου, τί ἂν εἴη τοσοῦτον ὃ μόνῳ βασιλεῖ γνωσθῆναι συγχωρεῖται, ὑπολαβόντα φασὶ τὸν Δημόκριτον εἰπεῖν, εἰ τριῶν ἀπενθήτων ὀνόματα τῷ τάφῳ τῆς γυναικὸς ἐπιγράψειεν, εὐθὺς αὐτὴν ἀναβιώσεσθαι τῷ τῆς τελετῆς νόμῳ δυσωπουμένην. ἀπορήσαντος δὲ τοῦ Δαρείου καὶ μηδένα ἄρα δυνηθέντος εὑρεῖν ὅτῳ μὴ

[1]) *ὡς δ'αὕτως* ist eine Conjectur von Fritzsche. Die Handschriften haben *ὁ δ'αὐτός*, was Andere in *τῷ δ' αὐτῷ* ändern wollten.

[2]) Juliani Imperatoris quae supersunt omnia. Recensuit Fr. C. Hertlein, vol. II Lipsiae 1876. epist. 37. p. 533—534.

καὶ παθεῖν λυπηρόν τι συνηνέχθη, γελάσαντα συνήθως τὸν Δημόκριτον εἰπεῖν · τί οὖν, ὦ πάντων ἀτοπώτατε, θρηνεῖς ἀνέδην ὡς μόνος ἀλγεινῷ τοσούτῳ συμπλακείς, ὁ μηδὲ ἕνα τῶν πώποτε γεγονότων ἄμοιρον οἰκείου πάθους ἔχων εὑρεῖν.

In diesen beiden Erzählungen finden sich zahlreiche Uebereinstimmungen, aber auch manche Verschiedenheiten. Von den letzteren sind jedoch die einen ohne Bedeutung, und auch die andern gestatten kein sicheres Urtheil, wenn man die buddhistischen Geschichten nicht mit zur Vergleichung herbeizieht. So ist schwer zu entscheiden, was das Aeltere ist, ob der Tod der Gattin oder der des Sohnes, ob das Versprechen, die Gestorbene zu beleben oder das, das Schattenbild des Todten heraufzuführen, ob die Bedingung, die Namen dreier Trauerlosen auf das Grab zu schreiben oder die, die Namen dreier Trauerlosen zu nennen.

Diese Zusammenstellung beweist zur Genüge, dass Rohdes Ansicht irrig ist. Denn den drei, nach meiner Ansicht vier, griechischen Erzählungen stehen dreizehn, und nicht Eine buddhistische gegenüber. Man ist daher zu der Behauptung berechtigt, dass die Geschichte nicht in griechischem, sondern in buddhistischem Boden fest eingewurzelt ist.

Es ist nunmehr erlaubt, die Legende von Kisâgotamî dem Inhalte nach mit den ähnlichen buddhistischen und griechischen Geschichten zu vergleichen. Die vollständige Uebersetzung der erstern findet sich oben; doch stelle ich der Anschaulichkeit halber die Hauptzüge nochmals her:

›Kisâgotamî, Tochter aus einer erloschenen Familie, kennt den Tod nicht und sucht daher ein Heilmittel für ihren gestorbenen Sohn. Die Antwort der Leute, welche sie für verrückt erklären, bringt sie nicht zur Einsicht. Da sendet sie ein weiser Mann zu Buddha. Dieser geht auf ihren Irrthum ein und verspricht ihren Sohn zu heilen, wenn sie ihm eine Prise Senfkörner bringe aus einem Hause, wo Niemand zuvor gestorben sei. Schon am ersten Abend erkennt Kisâgotamî die Erfolglosigkeit ihres Suchens und wird inne; dass im ganzen Dorfe die Todten zahlreicher sind als die Lebenden. Sie unterdrückt daher ihre Liebe zum Sohne und wirft seinen Leichnam im Walde hin. Dann geht sie zu Buddha, und dieser verkündigt ihr das ewige Gesetz, dass der Tod alle lebenden Wesen in das Meer des Verderbens hinabreisst.«

In diesem Theil der Erzählung und noch mehr in denen, die hier nicht erwähnt sind, finden sich viele speciell buddhistische Züge. Aber eben so wenig wie die von der Dogmatik in noch höherem Grade beeinflusste Erzählung von Maṭṭakuṇḍalî, darf man sie aus diesem Grunde über das dritte Jahrhundert vor Chr. herabrücken. — Der Charakter der Erzählung ist in der barmanischen Bearbeitung etwas verändert. In der Pâli-Recension wird nämlich die Nichtkenntniss des Todes in echt märchenhafter Weise damit begründet, »dass die Kisâgotamî den Tod nie zuvor gesehen«, und letzteres wiederum dadurch erklärt, dass sie aus »einer erloschenen Familie« stammt. In der barmanischen Bearbeitung ist dieser Ausdruck in freier Weise mit den vorausgehenden Worten verbunden: »and who having lost both her parents was in a wretched condition«. [1]) Jener Grund für die Nichtkenntniss des Todes ist fortgefallen; statt dessen heisst es: »The young girl, in her love for it, carried the dead child« etc. [2]), veranlasst, wie es scheint, durch das dem Sinne nach auch in der Pâli-

[1]) Rogers a. a. O. p 99, 19, vgl. oben Uebersetzung p. 13.
[2]) Rogers a. a. O. p. 100, 6, vgl. oben Uebers. p. 13.

Recension stehende und an dieser Stelle sehr passende »putting away her affection for her child«.[1]) Denn dass in dieser Abweichung sich nicht etwa Aelteres erhalten hat, sondern in ihr eine willkürliche Aenderung seitens des Verfassers der barmanischen Bearbeitung oder auch deren barmanischer Quelle[2]) vorliegt, geht daraus hervor, dass der Grund für die Nichtkenntniss des Todes an der zweiten Stelle, nämlich im Gedanken des weisen Mannes, stehen geblieben ist: »Alas! this Kisâgotamî does not understand the law of death«,[3]) an einer Stelle also, wo er in der Pâli-Recension erst in späterer Zeit als Glosse eingefügt wurde.[4])

Die Legende von Kisâgotamî hat mit den oben angeführten buddhistischen Erzählungen manche Aehnlichkeiten. Das Verhältniss der Personen ist dasselbe wie in der Erzählung des Commentars zum Salla-Suttaṃ und in der Rahmenerzählung des Uraga-Jâtakaṃ, nur dass in diesen der Vater anstatt der Mutter auftritt. Vater und Sohn finden sich in gleicher Lage auch im Uraga-Jâtakaṃ und in der Erzählung von Maṭṭakuṇḍalî, in den übrigen Geschichten dagegen haben sie die Rollen gewechselt. Buddha hat eine ähnliche Stellung, wie in jenen, in den Rahmenerzählungen zum Dasaratha-Jâtakaṃ und Sujâta-Jâtakaṃ; in allen Jâtaka aber nur nach der Meinung der Buddhisten, (nämlich als Bodhisatta), während sie in Wirklichkeit von einer dem Todten nahestehenden Person eingenommen wird; in der Erzählung von Maṭṭakuṇḍalî steht statt Buddhas der Verstorbene selbst. In der Legende von Kisâgotamî

---

[1]) Rogers a. a. O. p. 101, 14, vgl. oben Uebers. p. 14.

[2]) Max Müller. Pref. zu Rogers p. VII.

[3]) Rogers a. a. O. p. 100, 12.

[4]) siehe oben Anmerkung Nr. 6.

wird auf die Allgemeinheit des Todes und, allerdings nur implicite, auf die Unwiederbringlichkeit des Gestorbenen hingewiesen, wie im Salla-Suttaṃ und in den Trostversen Râmas, ebenso auch in der Rahmenerzählung zum Dasaratha-Jâtakaṃ, während in allen übrigen Geschichten, von dem noch nicht vollständig bekannten Uraga-Jâtakaṃ und dessen Rahmenerzählung abgesehen, nur die Unwiederbringlichkeit des Todten hervorgehoben wird. Doch findet sich im Gegensatz zu allen andern, in der Legende von Kisâgotamî eine Verschiebung des ganzen Gedankens. Dieselbe hängt mit dem eigenthümlichen Anfang der Erzählung zusammen. Während in jenen eine tiefe Trauer um den Todten herrscht, sucht Kisâgotamî, weil sie den Tod bis dahin nicht gesehen, ein Heilmittel für ihren gestorbenen Sohn. Mit dieser Eigenthümlichkeit stehen die übrigen in äusserst enger Verbindung: Die Nichtbeachtung der Antwort der Leute, der Hinweis auf Buddha und das Auftreten desselben. Ja, auch der Zweck der Erzählung ist deswegen ein etwas abweichender. Derselbe besteht nicht in der Befreiung von der Trauer, sondern in der Erklärung und Erkennung des dhuvadhamma, des unumstösslichen Gesetzes. Eben weil nun diese Verschiebung, wenn sie am Anfang der Geschichte vorhanden war, die ganze Erzählung beeinflussen musste, ist sie nicht im Stande, eine Trennung dieser Legende von den übrigen zu bewirken, sie verleiht vielmehr der Legende nur einen märchenhaften Charakter und nöthigt uns dadurch, dieselbe wenn auch nicht in der vorliegenden Gewandung, so doch ihrem Grundgedanken nach für älter zu halten als alle anderen buddhistischen Erzählungen, die ihr ähnlich sind: ja, durch jene Verschiebung wird auch der Umstand erklärt, dass dieselbe mit allen nahezu gleich viel Uebereinstimmungen zeigt. Die Legende von Kisâgotamî ist in der That eine in den Personen und in der Färbung etwas abweichende Bearbeitung desselben Themas und hat mit den übrigen ähnlichen buddhistischen Erzählungen sicherlich einen gemeinsamen Ursprung Dass sie bei den Buddhisten enstanden, dass sie nicht aus Griechenland entlehnt sind, dagegen sprechen die griechischen Geschichten nicht, ja, nach meiner Ansicht sprechen sie gerade dafür.

Auch mit ihnen hat die Legende von Kisâgotamî manche Züge gemein. Es ist jedoch unnütz, sie mit allen zu vergleichen; es genügt, ihr Verhältniss zu derjenigen zu untersuchen, welche ihr am ähnlichsten ist und die deshalb, wenn wirklich ein historischer Zusammenhang stattfindet, das Mittelglied, sei es unmittelbar oder mittelbar, zwischen Orient und Occident gebildet hat. Als solches ist nicht die Geschichte Dem. Cap. 24. zu betrachten. Denn wenn auch das Verhältniss der Personen ähnlich ist, so hat im Uebrigen doch nur das Auftreten des Herodes mit dem der Kisâgotamî eine sehr geringe Aehnlichkeit. Auch erinnert der persiflirende Ton der griechischen Erzählung zu wenig an den des Sujâta-Jâtakaṃ und der Erzählung von Maṭṭakuṇḍalî, um einen unmittelbaren historischen Zusammenhang mit diesen wahrscheinlich zu machen. Die Version des Pseudo-Callisthenes stimmt mehr, nämlich dadurch, dass der Tröstende mit dem die Trauer Verursachenden zu einer Person verschmolzen ist, zu der Erzählung von Maṭṭakuṇḍali als zu der Legende von Kisâgotamî, und es ist schlechterdings unmöglich, dass aus ihr einerseits die Erzählungen bei Julian und Dem. Cap. 25, andererseits die von Kisâgotamî unabhängig von einander hervorgegangen sind, da diese drei im Gegensatz zu jenen wesentliche Punkte gemein haben. Daher wird man auch diese Fassung nicht, wie Rohde[1]), als Uebergangsform annehmen, zumal da,

[1]) Novellendichtung p. 69 und 68 Anm.

wie oben bewiesen ward[1]), Rohdes Ansicht von dem hohen Alter derselben und ihrer arabischen etc. Bearbeitungen unrichtig ist. Nicht einmal die Erzählung bei Julian werde ich zur Vergleichung heranziehen, weil sie, wie aus der bei der Mittheilung des Textes derselben gemachten Zusammenstellung[2]) deutlich hervorgeht, der Legende von Kisâgotamî um ein Geringes ferner steht als die Geschichte in Cap. 25 des Demonax. Andererseits ist es sonnenklar, dass von den buddhistischen Erzählungen, die bis jetzt bekannt sind, die Legende von Kisâgotami der griechischen in Cap. 25 des Demonax am ähnlichsten ist, so dass eine Vergleichung dieser beiden genügt.

In den Erzählungen von Demonax und von Kisâgotamî ist das Verhältniss der Personen zu einander dasselbe, ausgenommen dass in jener der Vater vom Verluste betroffen wird. In beiden wird auf die Allgemeinheit des Todes und implicite auf die Unwiederbringlichkeit des Gestorbenen hingewiesen. In beiden behauptet eine Person helfen zu können und verspricht es zu thun, wenn eine Bedingung erfüllt wird. Daneben finden sich Verschiedenheiten. In der griechischen herrscht tiefe Trauer um den Tod des Sohnes, Kisâgotamî hält ihren todten Sohn für krank und sucht daher ein Heilmittel. In gleicher Weise ist auch der Inhalt der Behauptungen, der Versprechen, der Bedingungen und selbst der Zweck der Erzählungen abweichend. Die Eigenthümlichkeiten, welche die Legende von Kisâgotamî im Verhältniss zu der griechischen Geschichte zeigt, sind demnach fast dieselben, wie diejenigen, durch welche sie sich von den buddhistischen Erzählungen unterscheidet. Freilich steht sie der griechischen etwas näher, indem Demonax in der griechischen, wie

---

[1]) p. 24—26.

[2]) p. 57.

Buddha in der Legende von Kisâgotami, behauptet helfen zu können und es zu thun verspricht, wenn eine Bedingung erfüllt wird. Indess sind diese Aehnlichkeiten einerseits schon an und für sich gering, da der Inhalt der Behauptungen, der Versprechen und der Bedingungen verschieden ist, und verlieren andererseits dadurch noch mehr von ihrer geringfügigen Bedeutung, dass sie mit dem eigenthümlichen Anfang der Legende von Kisâgotamî zusammenhängen, durch den auch die übrigen Abweichungen dieser Geschichte von den andern buddhistischen bedingt sind. Wenn nun trotzdem die griechische Erzählung der Legende von Kisâgotamî etwas näher steht als die andern buddhistischen, so ist es dennoch zweifelhaft, ob sie, wie diese, mit derselben einen gemeinsamen Ursprung hat oder ob sie vielmehr selbstständig entstanden ist. Denn um einen historischen Zusammenhang behaupten zu dürfen, genügt es hier nicht, nur die grosse Aehnlichkeit des Grundgedankens u. s. w. klarzulegen: die örtliche Ferne überwiegt die inhaltliche Nähe. Im Gegentheil, man muss die Veränderungen der Erzählungen bei ihrer Wanderung aufspüren und zu erklären versuchen. Den Ursprungsort wird man auf der Seite zu suchen haben, von welcher aus sich die Unterschiede in ihrem Entstehen am besten begreifen lassen. Denn es scheint mir sicher zu sein, dass auch in der Wandlung der Erzählungen bei ihrem Uebergang von einem Volke zum andern nicht reine Willkür, sondern bestimmte Gesetzmässigkeit herrscht, so dass Aenderungen absichtlich oder unabsichtlich nur da vorgenommen werden, wo irgend ein Beweggrund dem Wiedererzähler es passend erscheinen lässt. Oft allerdings ist es nicht mehr möglich, das Entstehen der einzelnen Aenderungen zu begründen, aber das kann nicht hinderlich sein, die angegebene Methode da anzuwenden, wo sich mit ihrer Hülfe ein Resultat erreichen lässt. Die Gesetzmässigkeit wird dieselbe sein, wenn die Wandlung langsam, allmählich, als wenn sie plötzlich geschehen ist, und daher ist es, so lange diese Mittelformen nicht bekannt sind, im vorliegenden Fall einerlei, ob zwischen der buddhistischen und griechischen Erzählung noch Uebergangsformen existiren oder nicht.

Ich finde nun keinen Weg, die buddhistische Erzählung aus der griechischen herzuleiten. Freilich würden die Buddhisten ihren Stifter wohl nicht haben behaupten lassen, δύνασθαι ἀναγαγεῖν τοῦ παιδὸς τὸ εἴδωλον, sondern etwa, er könne den Sohn aus dem Himmel herabsteigen lassen (vgl. die Erzählung von Maṭṭakuṇḍalî), und ausser dieser einige andere unbedeutende Aenderungen vorgenommon haben, jedoch ohne sich damit dem Charakter der Legende von Kisâgotamî bedeutend zu nähern.

Die Verschiedenheiten der beiden Erzählungen werden indess genügend erklärt, wenn man von der Legende von Kisâgotamî ausgeht. Den Anfang derselben zu ändern, mussten die Griechen sehr geneigt sein, da der Gedanke, dass eine Person den Tod nicht kennt und daher ein Heilmittel für ihren gestorbenen Sohn sucht, meines Erachtens durchaus ungriechisch ist. Mit dieser einen Aenderung waren die übrigen geboten: Demonax konnte nun nicht mehr versprechen, den Sohn zu heilen, wenn ihm eine Prise Senfkörner aus einem Hause gebracht würde, in welchem Niemand zuvor gestorben. Auch der Zweck der Erzählung konnte nicht mehr allein in der Erklärung des dhuvadhamma bestehen. An die Stelle dieses, das wohl für uns, aber nach meinem Dafürhalten nicht, wie Rohde auzunehmen scheint[1]), für die Griechen »echt menschlich, und nicht aus einer erträumten Wolkenwelt entnommen« ist, haben die

[1]) Rohde, Ueb. griech. Novellend. p. 68.

Griechen echt Griechisches gesetzt und damit ihre alte Fertigkeit bewiesen, das Fremde ihrem Charakter anzupassen.

Dies Verhältniss der griechischen Erzählung zu der Legende von Kisâgotamî gewinnt noch an Wahrscheinlichkeit, wenn man sich vergegenwärtigt, wie fest dieser Erzählungskreis in buddhistischem Boden eingewurzelt ist.

Für diese Einwurzelung treten in nicht geringem Grade die Brahmanen ein. Denn bei ihnen finden sich drei Erzählungen, die denselben Grundgedanken enthalten, wie die buddhistischen und griechischen. In der ersten wird der über den plötzlichen Tod seiner Gattin Indumatî betrübte König Aja, Râmas Grossvater, von seinem Lehrer, freilich ohne Erfolg, mit Versen angeredet, in denen die Allgemeinheit des Todes und die Nutzlosigkeit der Trauer betont wird [1]). In der zweiten wird ein Sperlingsweibchen, dessen Eier von einem wüthenden Elephanten vernichtet worden sind, von einem andern Vogel durch den Hinweis auf die Vergeblichkeit der Trauer von der Niedergeschlagenheit erlöst [2]). In der dritten endlich wird der Brahmane Kauṇḍilya von dem Snâtaka Kapila bei dem Tode seines Sohnes Suçila auf die Allgemeinheit des Todes und die Nutzlosigkeit der Trauer hingewiesen und zur Aufgabe der Trauer beredet [3]). Ja, der Gedanke dieser Erzählungen wurde sogar in die Gesetzbücher aufgenommen, und die Verwendung derartiger Geschichten bei Trauerfällen zum Ge-

---

[1]) Raghuvansa sanscrite et latine edidit Adolfus Fridericus Stenzler. London 1832. VIII, 33 ff., besonders 82—89.

[2]) Pañcatantra I,15. Uebersetzung von Th. Benfey. Leipzig 1859. Bd. II p. 95. 96.

[3]) Hitopadeça IV, 12. Uebersetzung von Max Müller. Leipzig 1844. p. 172—175. — In der entsprechenden Fabel des Pañcatantra (III, 15. Benfey a. a. O. II p. 274) findet sich diese Stelle nicht.

setz erhoben. In Pâraskaras Gṛhyasûtram sind die Worte ziemlich allgemein [1]):

Wenn sie herausgestiegen sind und sich an einer reinen mit Gras bewachsenen Stelle niedergesetzt haben, sollen (die andern) sie dort trösten. [2])

Ausführlicher und bestimmter heisst es in Yâjñavalkyas Gesetzbuch [3]):

7. Wenn sie die Wasserspende vollzogen und aus dem Bade herausgestiegen auf einem weichen Grasplatze sitzen, sollen (die Greise der Familie) sie durch Erzählung von Geschichten der Vorzeit unterhalten.[2])

8. »Wer in dem menschlichen Leben, welches marklos ist wie der Stamm der Kadalî und einer Wasserblase ähnlich, ein Mark sucht, der ist thöricht.«

9. »Wenn der fünffach zusammengesetzte Körper durch die aus dem Körper selbst entspringenden Handlungen sich in die fünf Elemente auflöst, was soll da die Klage?«

10. »Die Erde wird untergehen und der Ocean und die Götter; wie soll die schaumähnliche Welt der Sterblichen nicht untergehen?«

---

[1]) Gṛhyasûtrâṇi. Indische Hausregeln. Sanskrit und Deutsch herausgegeben von Adolf Friedrich Stenzler. II. Pâraskara. III, 10, 22. (Abhandlungen für die Kunde des Morgenlandes. 6. Bd. Leipzig 1878.) — Bei Pâraskara, wie bei Yâjñavalkya führe ich die vorzügliche Uebersetzung Stenzlers an.

[2]) Die eingeklammerten Worte sind von Stenzler aus dem Commentar hinzugefügt.

[3]) Yâjñavalkyadharmaçâstram. Yâjñavalkyas Gesetzbuch. Sanskrit und Deutsch herausgegeben von Adolf Friedrich Stenzler. Berlin 1849. 3, 7—11.

11. »Weil der Verstorbene wider Willen den Speichel und die Thränen geniesst, welche die Verwandten vergiessen, so muss man nicht weinen, sondern die Todtenopfer nach Vermögen vollziehen.«

Die enge Verbindung der eben angeführten Erzählungen mit dem Gesetzbuch geht daraus hervor, dass die Verse 8 und 9 in der dritten [1]) Geschichte, v. 11, sogar in der ersten [2]) und zweiten [3]) in ähnlicher Form erscheint. Die drei Erzählungen sind nicht aus sehr früher Zeit überliefert. Die Sammlungen, in welchen die zweite und dritte vorkommen, sind wohl nicht viel älter als tausend Jahre; das Gedicht, welches die erste enthält, gehört dem fünften oder sechsten Jahrhundert unserer Zeitrechnung an. Yâjñavalkyas Gesetzbuch ist vielleicht etwas weiter hinaufzurücken, indem seine Entstehung ins zweite bis sechste Jahrhundert gesetzt wird [4]). Sei dem jedoch wie ihm wolle, sollte das Gesetzbuch auch erst im sechsten Jahrhundert entstanden sein, immerhin wird die Behauptung keinem Zweifel unterliegen, dass schon zur Zeit des Julianus Apostata manche Erzählungen der Art bei den Brahmanen vorhanden sein mussten, da sicher einige Jahrhunderte erforderlich sind, um einem Erzählungsthema, mag es auch bereits beliebt sein, einen Platz im Gesetzbuche zu verschaffen. Weil nun die ähnlichen Erzählungen der Buddhisten aus viel älterer Zeit überliefert sind, so darf man mit einiger Bestimmtheit vermuthen, dass das Thema von ihnen zu den Brahmanen überging, um so mehr, als beide Parteien in demselben Lande in reger Wechselwirkung standen, und

[1]) Hitopadeça IV, 71 und 68. Max Müllers Uebersetzung p. 174.

[2]) Kâlidâsas Raghuvaṃça VIII, 85.

[3]) Pañcatantra I, 15 v. 380. Benfey a. a. O. II p. 96.

[4]) cfr. Stenzler, Vorrede p. x f. Weber, Akademische Vorlesungen über Indische Literaturgeschichte [2] Nachtrag p. 12 f. 15

die Brahmanen bekanntlich hiebei manches, orte was sich du ihre Feinde, die Buddhisten beim Volke eing· ebürgert hat von diesen entlehnten, um ihnen das Volk -n abtrünnig machen und für sich zu gewinnen. In diesem ...Sinne s die Brahmanen ein Beweis, dass dieser Erzählungskreis in den ersten Jahrhunderten nach Chr. bei den Buddhisten beliebt und eingewurzelt war.

Ohnehin leuchtet die Einwurzelung des Themas bei den Buddhisten völlig ein. Nicht nur sind die Bearbeitungen in grosser Anzahl vorhanden und ragen nicht minder durch die reiche Mannigfaltigkeit der Ausführung hervor, sondern stehen durch ihre Hauptidee mit der ersten der vier erhabenen Wahrheiten und demnach mit dem Grundcharakter des Buddhismus in Verbindung. Diese erhabene Wahrheit wird im Pâli durch das Wort dukkhaṃ (Leiden, Unglück) ausgedrückt. Der Sinn ist dieser, dass die ganze Welt dem Schmerze unterworfen ist, dass alles, was existirt, dem Schmerze nicht entrinnen kann. Und unter diesen Leiden, welche aus der Existenz folgen, sind hervorzuheben Krankheit, Alter und Tod.[1]) In allen angeführten Erzählungen ist ein avijjâsavo, defilement arising from ignorance of the Four Great T r u t h s,[2]) vorhanden, es fehlt die Einsicht, dass der Tod das unumstössliche Gesetz für die lebenden Wesen ist. In der Legende von Kisâgotamî ist die Unwissenheit eine vollständige, in allen anderen Geschichten nur eine theilweise, augenblickliche. In jener wird der Tod für eine Krankheit angesehen und daher ein Heilmittel gesucht, in diesen herrscht nur eine tiefe Trauer. In jener erscheint die

---

[1]) Vgl. Köppen, Religion des Buddha I, 220 ff. II, S. Hardy, Man. of Budh. p. 496. Childers s. v. ariyasaccaṃ. Parinibb. S. ed by Childers p. 15.

[2]) Childers s. v. âsavo.

Unwissenheit bei Gelegenheit des Todes einer Person, in diesem wird sie durch den Tod veranlasst. In jener wird neben der Belehrung die Erfolglosigkeit des Heilmittel-Suchens gezeigt, in diesen die Befreiung von der Unwissenheit mit der Entfernung der Trauer entweder verbunden oder verschmolzen. Wenn nun auch der Ausdruck »avijjâsavo« erst nach Buddha entstanden sein mag, wenn auch die vier erhabenen Wahrheiten, trotzdem sie nach der Tradition den Gegenstand seiner ersten Predigt ausmachten[1]), und er selbst der gleichen Quelle nach durch den Anblick von Krankheit, Alter und Tod zur Aufgabe der weltlichen Genüsse veranlasst wurde[2]), in ihrer jetzigen Fassung nicht von ihm herrühren sollten, so gehen die in ihnen enthaltenen Gedanken doch jedenfalls auf ihn selbst zurück, da sie die Grundpfeiler seiner Lehre bilden. Unzweifelhaft wird er ähnliche Gedanken in seinen Gesprächen und Predigten geäussert haben, und ich trage kein Bedenken, Erörterungen wie im Salla-Suttaṃ und in den Trostversen Râmas ihm selbst zuzuschreiben.

Bewiesen ist die Abstammung der griechischen Erzählung aus dem Orient damit allerdings nicht: bewiesen wäre sie nur dann, wenn die griechische alle oder einzelne speciell buddhistische Züge bewahrt hätte. Doch ist die Freiheit von speciell Buddhistischem auch kein Beweis für die Selbstständigkeit der griechischen Erzählung; das würde sie nur in dem Falle sein, dass sich die Verschiedenheiten der Geschichten nicht erklären liessen. Sind diese aber, wie oben gezeigt wurde, leicht zu erklären, so ist die Herstammung der Erzählung in Cap. 25 des Demonax und somit auch der übrigen ähnlichen griechischen Geschichten

[1]) Köppen a. a. O I. p. 220 vgl. 94.

[2]) Köppen a. a. O I. p. 81. Jâtaka ed. by Fausböll I p. 58 ff.

aus der Legende von Kisâgotamî so lange höchst wahrscheinlich, als keine stichhaltigen Gründe — ich habe vergebens nach solchen gesucht — für ihre Selbstständigkeit angeführt sind. Der buddhistische Ursprung der Legende von Kisâgotamî ist jedenfalls gesichert, und wir haben daher das Recht, sie mit Max Müller für »eine Probe des wahren Buddhismus« zu halten.

Verbesserungen.

S. 8 Z. 21 v. o. lies »antogâmaṃ« für antonagaraṃ.«
S. 10 Z. 5 v. o. tilge den Doppelpunkt hinter »viya«.
S. 11 Note 2 lies »°mattaṃ« für »°mataṃ«.
S. 11 Note 16 lies »°sattasattakâya« für »°sattakâya«
S. 12 Z. 8 v. o. ist »Plan« einzuklammern.
S. 14 Z. 16 v. o. lies »ins Dorf« für »in die Stadt«.
S. 15. Z. 6 v. u. ist »wieder« einzuklammern.
S. 17 Z. 1 v. o. ist »S. 6« für »S. 7« zu lesen.
S. 21 Z. 3 v. o. lies »antogâmaṃ« für »antonagaraṃ« und ändere danach die ganze Anmerkung.
S. 47 Z. 2 v. u. ist hinter »rudaṃ« hinzuzufügen: »für rudanto«.

Druck von C. F. Mohr (P. Peters) Kiel.